Hugo Brotzer

Schwäbische Kunde

Hugo Brotzer
Schwäbische Kunde
Klassische Balladen

1. Auflage 2020
© Gerhard Hess Verlag
Hermann-Hesse-Straße 2
88427 Bad Schussenried
www.Gerhard-Hess-Verlag.de

Printed in Europe

Umschlagfoto: Schloss Lichtenstein - Klaus Brauner

ISBN 978-3-87336-687-9

Hugo Brotzer

Schwäbische Kunde

Klassische Balladen
Deutsch – Schwäbisch
Schwäbisch – Deutsch

Gerhard Hess Verlag

Inhalt

Teil I

Anstelle eines Vorwortes

Ein Leser, schon etwas betagt,
kommt in die Buchhandlung und fragt
nach Lesestoff.
Er liebt Balladen.
Balladen? –
Ja, – von Schiller, Goethe …
Die junge Dame kommt in Nöte.
Die Namen sind ihr aus der Schule
durchaus bekannt. Sie mimt die Coole,
zeigt sich auch sichtlich interessiert:
Die haben – Love-Songs komponiert?
Das war ihr bisher nicht bekannt,
verweist den Senior sehr charmant
in die Abteilung Liebeslieder.
Beehren Sie uns gerne wieder, –
verwundert, dass auch ält're Herren
sich gegen solche Hits nicht sperren!

Wir wissen nicht ob dieser Kunde
den Rat aus kompetentem Munde
verinnerlicht: Anstatt zu lesen
vom Zauberlehrling mit dem Besen
zukünftig Hit-Giganten hört,
auf ABBA und Konsorten schwört.

Wohl eher nicht. – Bleibt nur zu hoffen,
dass der geneigte Leser offen
bleibt für Goethes Richtung,
nach ihm, das „Ur-Ei" aller Dichtung:
Für Heldenlieder, Moritaten,
Erzählgedichte, Potentaten,
für Heinrich Heines Loreley,
die Bürgschaft wie die Brück'am Tay,
John Maynard und des Sängers Fluch.
Sie alle sind in diesem Buch
vereint. – Balladen-Einmaleins:
Spiegelbilder unsres Seins!

Du hast als Leser nun die Wahl,
den Text gewohnt im Original
zu lesen. – Alternativ
in Mundart. Geht was schief
bei deinem bi-lingualen Lesen,
ist's das beileibe nicht gewesen:
Es steht dir selbstverständlich frei,
ganz hinten in der Litanei
die Übertragung zu studieren, –
wo möglich andre Lösungen kreieren.
Der langen Rede kurzer Sinn:
Kannst du das Ganze als Gewinn,
als Spaß betrachten, nur zur Freud?
Hat dich das Lesen nicht gereut
am Schluss, – sogar gelohnt?
Dann hast du dich, und mich, belohnt!

Teil II

Balladen

Ludwig Uhland

Ludwig Uhland wird 1787 in Tübingen geboren und studiert dort von 1802 bis 1808 Jura und Sprachen. 1829 erhält er eine Professur für deutsche Sprache und Literatur an der Universität Tübingen. 1848 wird er als liberaler Abgeordneter in die Frankfurter Nationalversammlung gewählt. Er stirbt 1862 in Tübingen.

Uhland war Dichter, Politiker und Gelehrter. Zunächst und in erster Linie war er Poet, der es im 19. Jahrhundert neben Schiller und Goethe zum dritten Nationaldichter der Deutschen brachte und zu seiner Zeit so viel gelesen wurde wie seine beiden berühmten Dichterkollegen. Danach Politiker, ein patriotischer Altwürttemberger, der für Stuttgart und Tübingen mehrmals im Landtag saß und sich gegen die Todesstrafe, gegen den machtvollen Einfluss des Adels und vehement für öffentliche Sitzungen der Parlamente und für die kommunale Selbstverwaltung einsetzte. Schließlich wurde er als Professor an der Universität seiner Heimatstadt zu einem Wegbereiter der Germanistik als Wissenschaft und Studienfach.

1814 schreibt Uhland die folgenreiche „Schwäbische Kunde". Folgenreich deswegen, weil sich die Forscher bis heute uneins sind: Hat er den Kreuzzug von Kaiser Friedrich Barbarossa, bei dem dieser ertrank, tatsächlich bitterernst genommen, oder die grausigen Geschehnisse bewusst satirisch-augenzwinkernd zu Gunsten aller wackren Schwaben überhöht?

Schwäbische Kunde (1814)

Als Kaiser Rotbart lobesam
Zum heil'gen Land gezogen kam,
Da musst er mit dem frommen Heer
Durch ein Gebirge wüst und leer.
Daselbst erhob sich große Not,
Viel Steine gab's und wenig Brot,
Und mancher deutsche Reitersmann
Hat dort den Trunk sich abgetan;
Den Pferden war's so schwach im Magen,
Fast musste der Reiter die Mähre tragen.
Nun war ein Herr aus Schwabenland,
Von hohem Wuchs und starker Hand,
Des Rösslein war so krank und schwach,
Er zog es nur am Zaume nach;
Er hätt' es nimmer aufgegeben,
Und kostet's ihn das eigne Leben.
So blieb er bald ein gutes Stück
Hinter dem Heereszug zurück;
Da sprengten plötzlich in die Quer
Fünfzig türkische Reiter daher.
Die huben an auf ihn zu schießen,
Nach ihm zu werfen mit den Spießen.
Der wackre Schwabe forcht sich nit,
Ging seines Weges Schritt vor Schritt,
Ließ sich den Schild mit Pfeilen spicken
Und tät nur spöttisch um sich blicken,
Bis einer, dem die Zeit zu lang,
Auf ihn den krummen Säbel schwang.

Da wallt dem Deutschen auch sein Blut,
Er trifft des Türken Pferd so gut,
Er haut ihm ab mit einem Streich
Die beiden Vorderfüß' zugleich.
Als er das Tier zu Fall gebracht,
Das fasst er erst sein Schwert mit Macht,
Er schwingt es auf des Reiters Kopf,
Haut durch bis auf den Sattelknopf,
Haut auch den Sattel noch zu Stücken
Und tief noch in des Pferdes Rücken.
Zur Rechten sieht man wie zur Linken
Einen halben Türken heruntersinken.
Da packt die andern kalter Graus,
Sie fliehn in alle Welt hinaus,
Und jedem ist's, als würd ihm mitten
Durch Kopf und Leib hindurch geschnitten.
Drauf kam des Wegs'ne Christenschar,
Die auch zurück geblieben war;
Die sahen nun mit gutem Bedacht,
Was Arbeit unser Held gemacht.
Von denen hat's der Kaiser vernommen.
Der ließ den Schwaben vor sich kommen;
Er sprach: „Sag an, mein Ritter wert!
Wer hat dich solche Streich gelehrt?"
Der Held bedacht sich nicht zu lang:
„Die Streiche sind bei uns im Schwang;
Sie sind bekannt im ganzen Reiche,
Man nennt sie halt nur Schwabenstreiche."

Dieses letzte Wort seiner Ballade hat immer wieder für Verwirrung und Irritation gesorgt. Vor allem nicht–schwäbische Leser haben diese „Schwabenstreiche" mit „Schildbürgerstreichen" verwechselt und gleichgesetzt, mit jenen Bürgern also, die unbeirrt versuchen, das Tageslicht mit Körben ins fensterlose Haus zu tragen. Uhland kann man viel nachsagen, vor allem als Politiker war er stets ein aufrechter, manchmal allerdings auch ein eher glückloser Held; ein Schildbürger war er gewiss nie.

Was liegt eis Schwoba also näher, als sei „Schwäbische Kunde" au tatsächlich en eisr obrschwäbische Mundart zom ibrtraga ond den em Original doch a bissle blass gschildreta „Herr aus Schwabenland" als en „Baurabua vom Feadrasee" deitlich genauer, urspringlicher ond domit eaba au „schwäbischer" zom charakterisiera?
   Also fir mi hot dr Uhland des en dera Ballade gschildrete Massaker, bei dem en Schwob emma agreifende Tirk ibl mitspielt ond dodurch fuchzg tirkische Kriagr en d Flucht treibt, ganz bewusst ibrtrieba. Er hot oifach dr Muat ond d Tapferkeit von de Schwoba rausstelle wella. Uf dem Hintergrond guck i a Ballade wia de „Schwäbisch Kunde" als a Stuck Zeitgeschichte a, des dr Uhland aber, – ond des ibrsehet viele Leser vo heit, – it dokumentarisch ond historisch exakt, sondern ibrspitzt, heit dät ma vielleicht saga: karikaturistisch oder parodistisch gschildret hot.

Schwäbische Kunde

Dr Kaisr Rotbart hot vo Hessa
en Kriag noch Palästina messa,
ond uffem Weag ens globde Land,
do kommt r au durchs Schwobaland.
Saumäßig guat war do fei s Essa!
Doch weitr na, – des kasch vrgessa:
Do hots bloß Sand ond Stoinr ghet,
ond do drvo wird koinr fett!
Dia Geil, dia wared klepprdirr,
ond z nixig, om mit ihrem Gschirr
a Loitrwägele zom ziah,
dia hand gschlabbauched, frog it wia!
En Baurabua vom Feadrasee,
hots domols au it bsondrs schee:
Dr Hans, sein beschda Karragaul
hot nemme kenna. Er, it faul,
isch bei em blieba bis ans End,
au wo de andre weitr send.
Uf oimol galloppiered Reitr
schnell uf en zua; er ka it weitr.
Dia Tirka fanget a zom schiaßa
ond welled en uf d Lanza spiaßa.
Dr Schwob vrsteckt sich hendrm Schild,
dia Muslmennr werred wild,
weil der it Angst hot vor dem Haufa,
ond it probiert, drvo zom laufa.
Oin von de Tirka rastet aus
ond hollet jetzt sein Sebl raus.

Jetzt griagt au eißr Schwob a Wuat,
er trifft den Tirkagaul so guat
ond haut em d Vordrfiaß glatt ab!
Dr Gaul fellt om, dr Reidr nab.
Noch zielt r uf dr Kopf vom Reitr
ond macht mit dem Gemetzl weitr:
Schleet mit em Schwert so heet r ka
ond spalted so den ganza Ma
vom Kopf bis zu de große Zeah,
als däts nix Scheenrs fir en gea.
Kaum hot dr Schwob den Tirk halbiert,
noch duat r, als wär nix bassiert!
Dia Tirka griaget so en Schregga,
land ihre Waffa alle stegga
ond sprenget, ganz egal wo na,
bloß dass se der it metzga ka!
Noch send no zuafällig so Chrischda
vrbeigloffa ond dia däts glischda,
sofort zom Kenig virrelaufa
om dem dia Nochricht zom vrkaufa.
Der helt noch mit dem Schwob a Schwätzle,
ond said zua nem: „Du bisch a Schätzle.
Doch sag amol, wo kasch des her,
des Kempfa mit em Schwert ond Speer?"
Dem Schwob fellt glei a Antwort ei:
„So ischs bei eis scho emmr gsei.
Mir griaget hald a Jeeseswuat,
wenn oinr was zom Bossa duat!"

Noch eine letzte Anmerkung, nachdem ich jetzt aus dem großen dichterischen Werk Uhlands gerade diese umstrittene und kontrovers diskutierte Ballade ausgewählt habe. Ludwig Uhland ist auch ein großartiger Lyriker mit Gedichten wie „Droben stehet die Kapelle", mit „Frühlingsglaube" („Die linden Lüfte sind erwacht..") oder dem Gedicht vom guten Kameraden: „Ich hatt' einen Kameraden, ein besseren find'st du nicht", vertont von seinem Zeitgenossen Friedrich Silcher. Es wird heute noch oft gespielt, wenn zu Tode gekommene Soldaten oder Militärs beerdigt werden, – nicht nur in Deutschland.

Ludwig Uhland – Des Sängers Fluch

Des Sängers Fluch entstand 1814, Schiller ist bereits seit neun Jahren tot, aber die liberal-demokratische Gesinnung der Uhland'schen Ballade spiegelt nicht nur die Kunstauffassung der Zeit wider, sie entspricht auch Schillers und Goethes Ansichten und Denken: Der Sänger und Denker, der „Held" der Ballade verkündet ewige Wahrheiten, ja, handelt in göttlichem Auftrag.

Des Sängers Fluch (1814)

Es stand in alten Zeiten ein Schloß, so hoch und hehr,
Weit glänzt es über die Lande bis an das blaue Meer,
Und rings von duft'gen Gärten ein blütenreicher Kranz,
Drin sprangen frische Brunnen in Regenbogenglanz.

Dort saß ein stolzer König, an Land und Siegen reich,
Er saß auf seinem Throne so finster und so bleich;
Denn was er sinnt, ist Schrecken, und was er blickt, ist Wut,
Und was er spricht, ist Geißel, und was er schreibt, ist Blut.

Einst zog nach diesem Schlosse ein edles Sängerpaar,
Der ein' in goldnen Locken, der andre grau von Haar;
Der Alte mit der Harfe, der saß auf schmuckem Roß,
Es schritt ihm frisch zur Seite der blühende Genoß.

Der Alte sprach zum Jungen: "Nun sei bereit, mein Sohn!
Denk unsrer tiefsten Lieder, stimm an den vollsten Ton!
Nimm alle Kraft zusammen, die Lust und auch den Schmerz!
Es gilt uns heut, zu rühren des Königs steinern Herz."

Schon stehn die beiden Sänger im hohen Säulensaal,
Und auf dem Throne sitzen der König und sein Gemahl,
Der König furchtbar prächtig wie blut'ger Nordlichtschein,
Die Königin süß und milde, als blickte Vollmond drein.

Da schlug der Greis die Saiten, er schlug sie wundervoll,
Daß reicher, immer reicher der Klang zum Ohre schwoll;
Dann strömte himmlisch helle des Jünglings Stimme vor,
Des Alten Sang dazwischen wie dumpfer Geisterchor.

Sie singen von Lenz und Liebe, von sel'ger goldner Zeit,
Von Freiheit, Männerwürde, von Treu' und Heiligkeit,
Sie singen von allem Süßen, was Menschenbrust durchbebt,
Sie singen von allem Hohen, was Menschenherz erhebt.

Die Höflingsschar im Kreise verlernet jeden Spott,
Des Königs trotz'ge Krieger, sie beugen sich vor Gott;
Die Königin, zerflossen in Wehmut und in Lust,
Sie wirft den Sängern nieder die Rose von ihrer Brust.

"Ihr habt mein Volk verführet; verlockt ihr nun mein Weib?"
Der König schreit es wütend, er bebt am ganzen Leib;
Er wirft sein Schwert, das blitzend des Jünglings Brust durchdringt.
Draus statt der goldnen Lieder ein Blutstrahl hoch aufspringt.

Und wie vom Sturm zerstoben ist all der Hörer Schwarm.
Der Jüngling hat verröchelt in seines Meisters Arm;
Der schlägt um ihn den Mantel und setzt ihn auf das Roß,
Er bind't ihn aufrecht feste, verläßt mit ihm das Schloß.

Doch vor dem hohen Thore, da hält der Sängergreis,
Da faßt er seine Harfe, sie, aller Harfen Preis,
An einer Marmorsäule, da hat er sie zerschellt;
Dann ruft er, daß es schaurig durch Schloß und Gärten gellt:

"Weh euch, ihr stolzen Hallen! Nie töne süßer Klang
Durch eure Räume wieder, nie Saite noch Gesang,
Nein, Seufzer nur und Stöhnen und scheuer Sklavenschritt,
Bis euch zu Schutt und Moder der Rachegeist zertritt!

Weh euch, ihr duft'gen Gärten im holden Maienlicht!
Euch zeig' ich dieses Toten entstelltes Angesicht,
Daß ihr darob verdorret, daß jeder Quell versiegt,
Daß ihr in künft'gen Tagen versteint, verödet liegt.

Weh dir, verruchter Mörder! du Fluch des Sängertums!
Umsonst sei all dein Ringen nach Kränzen blut'gen Ruhms!
Dein Name sei vergessen, in ew'ge Nacht getaucht,
Sei wie ein letztes Röcheln in leere Luft verhaucht!"

Der Alte hat's gerufen, der Himmel hat's gehört,
Die Mauern liegen nieder, die Hallen sind zerstört;
Noch eine hohe Säule zeugt von verschwundner Pracht;
Auch diese, schon geborsten, kann stürzen über Nacht.

Und rings statt duft'ger Gärten ein ödes Heideland,
Kein Baum verstreuet Schatten, kein Quell durchdringt den Sand,
Des Königs Namen meldet kein Lied, kein Heldenbuch;
Versunken und vergessen! das ist des Sängers Fluch!

Diese Ballade wurde zum politischen Ausdruck des Bürgerprotests bis in den Vormärz hinein. Sie wurde zwar in der Epoche der Romantik geschrieben und weist auch durchaus romantische Elemente auf, wie z.B. das hehre Schloss, der Blick bis zum blauen Meer, umlagert von Prunk und Gärten, der finster dreinblickende Herrscher auf dem Thron, das edle Sängerpaar und die vollmondhaft milde Königin. Auch ist es typisch für die Romantik, dass andere Kunstformen wie hier die Musik thematisiert werden.

Aber des Sängers Fluch ist in erster Linie eine durch und durch politische Ballade und Uhland begründet mit ihr das Genre der „historischen Ballade". Sie handelt von den Spannungsfeldern zwischen Macht und Gesang, zwischen Unmenschlichem und Ideal-Menschlichem, zwischen Leben bzw. Über–Leben und Tod und Vergessen.

Am Ende überragt die Macht des Sängers die des Königs, der zwar grausam herrschen und töten kann, doch er ist sterblich und nur der Sänger hat den Schlüssel zum ewigen Ruhm. Er allein kann das Andenken an einen König bewahren, im Guten wie im Bösen. Wen er nicht verewigt, der erleidet einen zweiten Tod. Der Sänger kann sich furchtbar rächen.

Die beiden Sänger, König und Königin und der Hofstaat sind allegorische Figuren. Es geht Uhland nicht um detailgenaues Charakterisieren der Protagonisten. Das Geschehen soll den Leser unmittelbar emotional ansprechen, unabhängig von den handelnden Personen. Den Dichter interessiert hier nicht das einzelne Schicksal, das Individuelle, Vorübergehende, sondern das darin manifestierte Allgemeine und Dauerhafte. Uhlands Ballade ist daher von immerwährender Gültigkeit. Sie stellt die Frage nach der Möglichkeit von Kunst, Dichtung und Musik, unmittelbar auf gesellschaftliche und politische Strukturen einwirken und diese verändern zu können.

Weil sichs wia gsaid om allegorische, namalose Figura handlet ond weil dr Uhland au zom Handlongsort, an dem des Ganze spielt, nix Nähers ausfiehrt, brauchet jetzt au bei dr Ibrtragong ens Schwäbische koine Nama apasst werra.

Bei de Vers halt me genau ans Original mit em Paarreim, so dass en ganz ehnlicha Sprachrhythmus beim Vortrag entstoht.

Sengers Fluach

Vor dauset Johr hots Burga gea ond scheene stolze Schlesser,
fast emmer uf ma Buggl dob, – do sieht ma se hald besser.
Von doba ra hand se regiert, brudal mit strenger Hand
ond s arme Volk vrhongra lau, – des war a Riesaschand!

Von so ma Kenig hand se ghert, – zwoi Stroßamusikanta:
„Vielleicht bewirkt a Melodie, woisch, so a ganz bekannta,
dass seller alte Sack do dob sich zletscht doch no bekehrt?
En dem Fall wär a Stendle bei em gar it so vrkehrt!

„Des Herz vo sellem Arsch do dob loht sich durch nix erwoicha!"
„Vielleicht", dia boide Barda druff, passieret doch no Zoicha,
wenn so a geile Melodie den Kenig richdig trifft?
I glaub do dra", der Eltre no. – „Suscht namme Rattagift!"

Dia Musiker, wia gsaid zu zwoit, en Vaddr ond sein Jonga,
dr Alte der spielt Saxopho, dr Jong hot oifach gsonga.
„Du moinsch also", dr Alt zom Bua, „mir soddets wirklich waga? –
Wenn dem aber der Sound it gfellt, noch gohts eis an dr Kraga!"

„A wa", said glei dr Jong druff na, „mir spielet heit beim Kenig.
Sei Weib, hoißts, dia häb Sexappeal, ond do drvo it wenig!
Wenn dia mei Halleluja heert, noch ka dia bloß no heila.
Komm Vaddr, aufgohts, nauf dr Berg, mir messed eis beeila!"

Ma fiehrt se en dr Spieaglsaal. – „Jo, descht a scheene Kammer,
wenn Kenigs jetzt genau so cool send wär des echt dr Hammer!"
Noch kommt r rei, der Menschaschender: a Gsiecht, des isch zom
Kotza!
Kaum sieht r dia zwoi Kerle stau, noch fangt r scho a motza:

„Wa wend r mit dem Deng do ha? – Isch des a Susapho?"
„It ganz, Herr Kenig, desch koi Su-, des isch a Saxopho!"
„Desch mir egal, uf jeda Fall mecht i was Gscheits jetzt heera,
wenn it, noch lieget r glei duss en meine Stachelbeera!

Jetzt wada mr gschwend uf mei Weib, dia wird sich no vrkloida.
Bis dia bloß emmr feedig isch, des ka dr glatt vrtloida!" –
Noch schwebt se rei, d Frau Kenigin, em goldena Ornat,
dia zwoi hand nia was Scheeners gsea: a Weibsbild von Format!

„Ja wirds gau, fanget endlich a, i han mei Zeit it gstohla. –
Wa glotzed r mei Weib so a, ond des ganz ovrhola?"
Dr Alde nammt sei Saxopho ond spielt, – spielt om sei Leaba.
Er legt en Auftritt uf s Parkett, it oin To goht drneaba!

D Frau Kenigin, dr ganze Hof, dia kennets schier it fassa
ond klatschet Beifall wia verruckt, – der Alde nammts gelassa.
Noch stimmt dr Jong sei Solo a, sengt en de hegschde Tee,
glasklar sei Stemm ond affageil bis nauf zom hoha C.

Beim Halleluja griagt sogar dr Hond a Gensehaut,
d Frau Kenigin isch he ond weg, – mol seah, ob se sich traut?
Tatsächlich, von dem Strauß vor sich do schenkt se ne a Ros,
haucht no en Handkuss hendadrei, – noch gohts Theater los:

„Mei Volk vrfiehrt, des hand r scho, jetzt also no mei Weib.
Ihr machet se no ganz schalu, ond des zom Zeitvrtreib!"
Dr Kenig isch ganz außer sich vor Zora und vor Wuat:
„Ihr widerwärtigs Hurapack! – Rotzleffl! – Deiflsbruat!

Des haut em Fass dr Boda naus, Saubande, hondsverreckte!
A Lombagsendl send ihr zwoi, no mendr wia a Sekte!
Mei Schwert! – A noi, des isch jo stompf! – Noch packet rs am Kraga!",
zu seiner Leibwach. – „Jo, was isch? Mosse des zwoimol saga?"

Em hoha Boga landet se dia zwoi noch en de Beera.
S goht allerdengs zwanzg Meter na, i glaub, do kennt e schweera,
des ibrlebsch fei it so leicht! – Ma hots bis dob vrnomma:
Dr Alt fellt woich, dr Jonge it, – der isch oms Leaba komma!

Dr Alt befreit sich us de Bisch ond schultret sich sein Bua.
Dass seller Bsuach so enda moss! – Wa saget ihr drzua?
Wa hand se welle denn dia zwoi? – Doch bloß a Herz erwoicha.
Am liabschda dät ma sellem Depp, heit no ens Hirn neisoicha!

Dr Vaddr nammt sein tota Soh, er mecht en still bedaura.
Der hot ene ne koi Glick it brocht, der Bsuach en dene Maura!
Doch vor em Dor en letzta Halt, mit Saxopho ond Spross,
dr Alt, der wirft en letzta Blick no oimol nauf zom Schloss.

„Ond so was will en Kenig sei? Em Nama Jesu Christ:
Di hollets Schicksal au no ei, en Meichlmörder bischt!"
Den Fluach, den schickt r nauf zom Schloss ond bis ans Firma-
ment,
besiegla duat r no den Schwur glei mit seim Instrument:

Wa solle mit der Blosa jetzt? – Bisher war des mein Traum.
Zerdäbbra werr se uf dr Stell, doha an sellem Baum.
Koin scheena, satta, volla Klang wird jemols meh erklenga
aus dem Geheise. Ihren Tod, – soll se au dene brenga!

Dr Fluach, der tritt genau so ei: It zwoi Stoi ibranand
sieht ma seither an dera Stell, bloß Kies ond Staub ond Sand.
Koi Gätle meh, koin Bronna, koin Nama emma Buach
vo sellem Kenig ond seim Schloss. – Des war der Sengerfluach!

Johann Gottfried Herder

Johann Gottfried Herder wird am 25.8.1744 in Mohrungen in Ostpreußen geboren und stirbt am 18.12.1803, zwei Jahre vor seinem Dichterfreund Schiller in Weimar. Er gehörte zu den einflussreichsten Schriftstellern und Denkern Deutschlands und bildete zusammen mit Goethe, Schiller und Wieland das klassische „Viergestirn" von Weimar.

Warum ich in diese Balladenauswahl sowohl das „Erlkönig"-Motiv von Herder als auch das von Goethe aufgenommen habe, ist leicht zu erklären: „Erlkönigs Tochter" war für Goethe Motiv- und Stofflieferant. Der Stoff entstammt ursprünglich einer dänischen Volksballade, aus der Herder den dort vorkommenden „Ellerkonge", was im Dänischen „Elfenkönig" bedeutet, fälschlicherweise mit „Erlkönig", also „Erlenkönig" übersetzte. Denselben Übersetzungsfehler übernahm dann kurze Zeit später auch Goethe mit seinem „Erlkönig". Wir werden deswegen bei der Besprechung von Gemeinsamkeiten und Unterschieden der beiden Balladen immer wieder zwischen beiden Werken und den Dichtern hin- und herschwenken.

Erlkönigs Tochter (1777)

Herr Oluf reitet spät und weit,
Zu bieten auf seine Hochzeitsleut;

Da tanzen die Elfen auf grünem Land,
Erlkönigs Tochter reicht ihm die Hand.

"Willkommen, Herr Oluf! Was eilst von hier?
Tritt her in den Reihen und tanz mit mir."

"Ich darf nicht tanzen, nicht tanzen ich mag,
Frühmorgen ist mein Hochzeittag."

"Hör an, Herr Oluf, tritt tanzen mit mir,
Zwei güldne Sporne schenk ich dir.

Ein Hemd von Seide so weiß und fein,
Meine Mutter bleicht's mit Mondenschein."

"Ich darf nicht tanzen, nicht tanzen ich mag,
Frühmorgen ist mein Hochzeitstag."

"Hör an, Herr Oluf, tritt tanzen mit mir,
Einen Haufen Goldes schenk ich dir."

"Einen Haufen Goldes nähm ich wohl;
Doch tanzen ich nicht darf noch soll."

"Und willt, Herr Oluf, nicht tanzen mit mir,
Soll Seuch und Krankheit folgen dir."

Sie tät einen Schlag ihm auf sein Herz,
Noch nimmer fühlt er solchen Schmerz.

Sie hob ihn bleichend auf sein Pferd.
"Reit heim nun zu dein'm Fräulein wert."

Und als er kam vor Hauses Tür,
Seine Mutter zitternd stand dafür.

"Hör an, mein Sohn, sag an mir gleich,
Wie ist dein' Farbe blaß und bleich?"

"Und sollt sie nicht sein blaß und bleich,
Ich traf in Erlenkönigs Reich."

"Hör an, mein Sohn, so lieb und traut,
Was soll ich nun sagen deiner Braut?"

"Sagt ihr, ich sei im Wald zur Stund,
zu proben da mein Pferd und Hund."

Frühmorgen und als es Tag kaum war,
Da kam die Braut mit der Hochzeitschar.

"Sie schenkten Met, sie schenkten Wein;
Wo ist Herr Oluf, der Bräutigam mein?"

"Herr Oluf, er ritt in Wald zur Stund,
Er probt allda sein Pferd und Hund."

Die Braut hob auf den Scharlach rot,
Da lag Herr Oluf, und er war tot.

Exkurs: Elfen und naturmagische Balladen

Um solche naturmagischen Balladen einigermaßen einordnen und beurteilen zu können, muss man sich immer wieder verdeutlichen, dass unsere Vorfahren vor ungefähr zweihundert Jahren noch fast ausnahmslos an Mittelwesen zwischen Gott und den Menschen glaubten, wie beispielsweise Elfen, Feen, Gnome oder Zwerge. Elfen sind magische Wesen, die in lustigen Tänzen über Gras und Blumen dahinschweben, nicht zu verwechseln mit Geistern oder anderen paranormalen Wesen. Man könnte sie als eine Verkörperung der vier Elemente unserer Natur bezeichnen wie z.B. die „Hexen" in Fontanes „Die Brück'am Tay".

Je weiter nördlich wir uns in Europa umschauen, desto deutlicher und intensiver ist der Glaube an solche Wesen präsent, was natürlich mit den bedeutend längeren Nacht– und Dunkelzeiten in den Wintermonaten zusammenhängt. Der Glaube daran ist dort auch heute noch weit verbreitet. So wird beispielsweise in Island, wo nach neueren Umfragen noch fast jeder dritte an Trolle und Gnome glaubt, auch von den Behörden beim Straßenbau Rücksicht genommen, wenn es darum geht, vorhandene Elfenwohnorte nicht zu zerstören.

In der einschlägigen Elfenliteratur werden unterschieden: **Nacht- oder Schwarzelfen (Alben)**, im Volksmund unter dem Namen **Zwerge** bekannt. Diese sind missgestaltet und hausen im Innern der Erde. Zuweilen helfen sie dem Menschen heimlich bei seiner Arbeit, um ihn aber gleich darauf wieder zu necken. (Vgl. „Die Heinzelmännchen" von August Kopisch.)

Lichtelfen erscheinen als menschenähnliche Gestalten: schön, klein und zierlich, leicht und gewandt. Sie lieben Tanz, Spiel und Gesang und treiben allerlei Kurzweil an einsamen Orten und mit

Vorliebe im Mondschein. Sie besitzen keine Seele. Deshalb hoffen sie, durch Gemeinschaft mit dem Menschen eine Seele zu erhalten. Darum locken sie schöne Kinder zu sich und verwandeln diese in Elfen. Wer dieser Lockung widersteht, lädt ihren Zorn auf sich. Die Elfen berühren ihr Opfer, damit es erkrankt und langsam dahinsiecht oder plötzlich stirbt.

Über Goethes Motivation, den Erlkönig zu schreiben, wird einerseits Herders „Erlkönigs Tochter" genannt, von der wir wissen, dass Goethe diese mit Begeisterung aufnahm.

Es wird aber auch ein Reiseerlebnis von ihm erzählt, in dem er mit seinem Arbeitgeber und Freund, Herzog Karl August unterwegs war. Auf dieser Reise waren die beiden gezwungen, wegen eines Radbruches an der Kutsche die Nacht im Freien zu verbringen. Beide empfanden diese Nacht bei Mondschein und silbergrauen Nebelschwaden in der Nähe eines Bächleins als ziemlich geheimnisvoll und unheimlich. Zeitweise glaubten sie sogar, Geister und Zauberwesen bei ihren Tänzen zu beobachten. Sie saßen durchfroren dicht beieinander und lauschten auf jedes Geräusch. So überraschte sie am Morgen die aufgehende Sonne. Am Bachufer standen immer noch dieselben alten knorrigen Erlen und Weiden. Nichts verriet den nächtlichen Spuk. Goethe war von dem nächtlichen Erlebnis noch schweigsam gestimmt. Er griff zu Feder und Papier und schrieb. Als die Ballade bekannt wurde, griff auch ein anderer Künstler zur Feder. Der damals noch nicht zwanzigjährige Schubert vertonte diese Ballade.

Nach diesem mystischen Elfen-Exkurs nun aber zur schwäbischen Erlkönigtochter.

Em Erlkönig sei Dochtr

Dr Karle, der reitet, was sein Gaul hald so geit:
Ledt d Hochzeitsgäscht ei. Morga isches so weit!

Do danzet zmol d Elfa weit duss uffem Land.
Em Erlkenig sei Dochtr, dia geit em glei d Hand:

„He Karle, guad n Obed, wa hosch so bressant?
Komm danz amol mit mr ond dur it schenant!"

„I daff jetzt it danza ond mecht des au it,
i heira doch morga scho Kächales Grit."

„A wa, Karle komm, des hot nix zom saga.
A Denzle, des kenna mr wellaweag waga!

Zwoi goldene Spora, us Seide a Hemmed:
des kriagsch vommr, danzet mir zwoi heit no zemmet!"

„Am Tag vor dr Hochzeit, do duat ma it schwanza:
ond drom will i jetzt au mit dir nemme danza!"

„Wa bendsch mr au do fir en Scheißdreck uf d Nes?
Des isch doch a saudomms Gschwätz isch doch des!

A gotzigs Denzle, des dät mr scho gniaga,
ond du dädesch en Haufa Gold drfir griaga!"

„Den Haufa Gold, den dät e scho namma.
Aber mir, mir danzet heit trotzdem it zamma!"

„I ka de jo, Karle, zom danza it zwenga:
aber Seicha ond Krankheida, dia werr dr i brenga!"

Noch spiert r gau zmol en Schlag uf seim Herz:
Den mirkt r no lang, dr Karle, den Schmerz.

Dann lupft sen, so bloich wia a Kätzle am Bauch,
no nauf uf dr Sattl. – Er stoht uffem Schlauch:

„Wa soll des?", so froget r jetzt de sell Tuss,
„bisch weaga dem Korb jetzt glei oba duss?"

"Komm, loss mr mei Ruah!", so schreit dia noch laut.
„Jo reit hald scho hoim ond heira dei Braut!"

Dohoe froget d Mottr: „Du deichsch me so bloich?"
„A Mottr, wa schwätsch denn do raus fir en Soich!

I be vielleicht bloich, aber be fei it bsoffa:
I han nemlich Dochtr vom Erlkenig troffa!"

„Wa solle jetzt deiner Braut aber saga?
I schick ra a Nochricht mit ma ganz schnella Waga."

„I – sei mit em Hond no em Wald duss beim Jaga.
Jo, – liag hald a bissle, des kasch ra doch saga!"

Am nägschda Morga send d Hochzeitsgäscht komma,
ond d Mottr hot d Braut glei uf d Seide na gnomma:

„Dr Karle, der isch no em Wald mit em Hond,
des sei, said dr Doktr, Bewegong ond gsond!"

Beim Vesper, do war r no emmr em Wald.
„Do stemmt abbes nemme, jetzt suacha mir n hald!"

Noch hand sen noch gsucht ond dann später au gfonda:
dr Karle war tot ond sein Leib ganz vrschonda.

Ma kennt jetzt so quasi als Moral no drzuasetza:
Mit Weiber ischs bei em nia so reacht gloffa,
drom hot en am End des Schicksal so troffa!

Da wir eine vergleichende Betrachtung der beiden Balladen erst
nach Goethes „Erlkönig" vornehmen können, lassen wir diesen
jetzt auch gleich zu Wort kommen.

Johann Wolfgang von Goethe

Goethe wird 1749 in Frankfurt am Main geboren und stirbt 1832, 83jährig, in Weimar. Er entstammt gutbürgerlichem Haus, studiert in Leipzig von 1765-1768 Jura, schreibt nebenher anakreontische Gedichte („Wein, Weib und Gesang") und lernt dort Herder kennen, der seine weitere dichterische Arbeit entscheidend beeinflusst. Für ein paar Jahre ist er in Frankfurt als Anwalt beschäftigt. 1773 veröffentlicht er den *Götz von Berlichingen*, 1774 erscheint der Brief- und Tagebuchroman *Die Leiden des jungen Werther*, dem seine eigene, unerfüllte Liebe zu Charlotte Buff aus Wetzlar zugrunde liegt. 1775 wird Goethe an den Hof des Herzogs Karl August nach Weimar berufen, wo er zu höchsten Ehren aufsteigt. Seine literarisch fruchtbarste Zeit ist das Jahrzehnt der intensiven Zusammenarbeit mit Schiller von 1794 bis zu dessen Tod 1805. 1795/96 erscheinen *Wilhelm Meisters Lehrjahre*, 1808 *Faust I*, 1809 *Die Wahlverwandtschaften*. Goethe und Schiller sind die Hauptvertreter des Sturm und Drang und der Hochklassik: Ihr Ziel ist es, in zeitlos gültiger Form Archetypen menschlichen Verhaltens darzustellen.

Erlkönig (1782)

Wer reitet so spät durch Nacht und Wind?
Es ist der Vater mit seinem Kind;
Er hat den Knaben wohl in dem Arm,
Er fasst ihn sicher, er hält ihn warm.

„Mein Sohn, was birgst du so bang dein Gesicht?" –
„Siehst, Vater, du den Erlkönig nicht?
Den Erlenkönig mit Kron' und Schweif?" –
„Mein Sohn, es ist ein Nebelstreif." –

„Du liebes Kind, komm geh mit mir!
Gar schöne Spiele spiel' ich mit dir;
Manch bunte Blumen sind an dem Strand,
Meine Mutter hat manch gülden Gewand." –

„Mein Vater, mein Vater, und hörest du nicht,
Was Erlenkönig mir leise verspricht?" –
„Sei ruhig, bleibe ruhig, mein Kind;
In dürren Blättern säuselt der Wind." –

„Willst, feiner Knabe, du mit mir gehn?
Meine Töchter sollen dich warten schön;
Meine Töchter führen den nächtlichen Reihn
Und wiegen und tanzen und singen dich ein." –

„Mein Vater, mein Vater, und siehst du nicht dort
Erlkönigs Töchter am düsteren Ort?" –
„Mein Sohn, mein Sohn, ich seh' es genau:
Es scheinen die alten Weiden so grau." –

„Ich liebe dich, mich reizt deine schöne Gestalt;
und bist du nicht willig, so brauch' ich Gewalt!" –
„Mein Vater, mein Vater, jetzt faßt er mich an!
Erlkönig hat mir ein Leids getan!" –

Dem Vater grauset's, er reitet geschwind,
Er hält in den Armen das ächzende Kind,
Erreicht den Hof mit Müh und Not;
In seinen Armen das Kind war tot.

Wir versuchen zunächst einmal, Gemeinsamkeiten und Parallelen
dieser beiden Balladen herauszuarbeiten:

• Beiden Fällen liegt als Quelle eine Volksballade zugrunde, in der
es um einen nächtlichen Ritt und das Reich des Erlkönigs geht.
• Das Ziel der Elfen ist es, Verbindung mit den Menschen herzu-
stellen, um in den Besitz einer Seele zu kommen.
• Die schicksalhafte Begegnung mit diesen jenseitigen Kräften
bricht das einigende Band der Liebe zwischen Vater und Sohn
einerseits und Braut und Bräutigam andererseits. So kommt es zu
der am Ende unheilvollen und todbringenden Berührung.
• Der Mensch steht dieser dämonischen Gewalt schutzlos gegen-
über.

Die angewandten Lockmittel entsprechen jeweils der Erlebniswelt der Opfer:

• So wird das Kind mit Spiel, Blumen und Gesang gelockt, während dem Bräutigam Tanz, Sporen und Gold versprochen werden.

• Auch die Drohgebärden sind dem Verständnis der Opfer angepasst: Beim Kind sind diese autoritärer Art, so wie etwa ein Vater vom Kind unbedingten Gehorsam verlangt. Dem Bräutigam werden die Folgen seines Widerstandes für sein zukünftiges Leben vor Augen geführt.

• Da das Kind krank ist und sich nicht wehren kann, wird es anschließend nur angefasst; der Bräutigam ist gesund und willensstark und wird deswegen mit physischer Gewalt angegangen.

Unterschiede:

• In „Erlkönigs Tochter" steht ein Dialog zwischen Mensch und Jenseits im Mittelpunkt, während bei Goethe ein Gespräch zwischen Vater und Sohn stattfindet. Dabei werden die Lockrufe des Erlkönigs aus dem Jenseits wahrgenommen; allerdings lediglich vom Sohn.

• Im „Erlkönig" begegnet der Mensch, in diesem Fall das Kind, dem Jenseitigen nicht allein, sondern wird vom Vater gehalten, der bis zuletzt mit seinem Sohn spricht, was diesem wiederum helfen soll, seine Angst zu überwinden.

• Bei Herder handelt es sich um eine Aneinanderreihung von Zwiegesprächen, die vom Erzähler zwischendurch unterbrochen werden. Bei Goethe arbeitet die Handlung gezielter auf das Kerngeschehen hin und wirkt dadurch geschlossener.

• Während sich bei Herder der Konflikt aus Rache und Eifersucht entwickelt, ist die Bedrohung bei Goethe viel tiefer und umfassender: körperlos, unheimlich, angsterregend, eben numinos. Thema bei Goethe ist eine naturmagische Verlockung und Überwältigung, bei Herder geht es um erotische Magie.

Die naturmagische Ballade passte zu den Leitgedanken des Sturm und Drang, einer relativ kurzen Epoche, die mit der Begegnung von Goethe und Herder 1770 in Straßburg begann. Nach der Aufklärung wandte man sich gegen den in dieser Zeit entstandenen Rationalismus: Gefühle, das Unbewusste und die Phantasie sollten wieder mehr Beachtung finden. Das Genie, in dem sich die schöpferische Kraft offenbart, galt als die höchste Steigerung des Individuellen wie des Naturhaften. Die Natur wird vergöttlicht, die Volksdichtung fand neue Beachtung und in ihr die "Naturpoesie" ihren Ausdruck.

Jetzt fehlt bloß no de mundartlich Variante von dera naturmagischa Ballade. S Oheimliche ond s Numinose soll meglichscht dren vorkomma; aber so viel ka ne scho vorwegnamma: Mir land den Bua dia Begegnong mit dera magischa Welt, em Gegasatz zom Goethe, ibrleaba!

Martinimarkt

Wer lauft no so spät do duss omanand,
wa dia zwoi bei Naacht bloß vrlora hand?
Dr Kächale isches, dr Alt ond sein Bua,
dr Made, dia dabbet uf Stafflanga zua.

Martinimarkt en dr Stadt isch doch gsei,
ond jetzt isches klar: do kehrt ma no ei.
Em Hirsch, do send se no ghogget bis zletzt; –
dr Wirt hot se erst grad uff s Trottwar nausgsetzt.

„Du bisch so riabig, sag Made, was isch?
Du hosch doch guat gschlofa do denna am Disch.
Dir isches it guat, ga? – Du kasch mrs scho saga,
aber i ka de fei it bis uf Stafflanga traga!"

Womeglich war gau en dem Essa was denna?
Des hedd oim doch d Wirte au saga kenna,
dass drei Bärla Soida ond Bommfritt drzua,
a bissale zviel send fir den schmächdiga Bua!

„Du hosch dr ganz gwies dr Maga vrdau.
Kotz do an den Baum na, noch wirds gau scho gau!
Des Schnäpsle drnoch hetts au nemme braucht,
des hot dr it guat dau, – des hot de glaub gschlaucht!"

„Du Babba, wa send des fir Kerle do denna
em Alda Friedhof?" – „Ja fangsch jetzt a spenna?
Des send hald so Grabstoi, – dia leabet doch it!
I bass uf de auf ond namm de scho mit!"

„I han fei so Angscht, jetzt kommet se gloffa!"
„Wa schwätscht denn do raus, i glaub du bisch bsoffa!"
Do losch den Bua oimol abbes saufa,
glei macht der us Grabstoi – en Raiberhaufa!

„Aber guck doch, Babba, des isch fei it gloga,
siehsch s it, do kommet scho Stoiner agfloga!" –
„Des send doch bloß Dannazapfa, mein Bua,
dia fliaget vom Baum ra, jetzt hanne noch gnua!

Wenn d jetzt it glei riabig bisch, griag e a Wuat
ond hau de an Grend na, so laid mr des duat!
I sag drs em Guada, jetzt namm de fei zamma,
vrzehl mr noch später fei jo nix dr Mama!"

Dohoim do trifft d Moddr gau schier gar dr Schlag
wo dia den Bua sieht. – „Ja, Vaddr, jetzt sag:
Wa hosch denn du mit dem Made heit dau,
der stengt gottsmillionisch ond ka nemme grad stau!"

Jetzt griagt gau dr Vaddr zmol doch a schleachts Gwissa:
Dr Made hot glatt de ganz Hosa vrschissa!

Johann Wolfgang von Goethe – Der Zauberlehrling

Der Zauberlehrling ist im „Balladenjahr" 1797 entstanden und wurde im Musenalmanach im darauffolgenden Jahr veröffentlicht.

In Goethes Dichtungen kommt immer wieder ein Grundanliegen von ihm zum Tragen, nämlich die Bewahrung der Ordnung in einer vom Chaos bedrohten Welt. So hadert er beispielsweise schrecklich mit den Ereignissen der Französischen Revolution.

Dies wird auch bei seinem „Zauberlehrling" deutlich sichtbar. Der reife oder gereifte Mensch, hier der „Meister", ist allerdings kraft seiner Erfahrung und Einsicht in größere, allumfassende Zusammenhänge in der Lage, sich mit friedlichen Mitteln eine harmonische Welt zu schaffen.

Der Zauberlehrling (1797)

Hat der alte Hexenmeister
Sich doch einmal wegbegeben!
Und nun sollen seine Geister
Auch nach meinem Willen leben.
Seine Wort und Werke
Merkt ich und den Brauch,
Und mit Geistesstärke
Tu ich Wunder auch.

Walle! walle
Manche Strecke,
Dass, zum Zwecke,
Wasser fließe
Und mit reichem, vollem Schwalle
Zu dem Bade sich ergieße.

Und nun komm, du alter Besen!
Nimm die schlechten Lumpenhüllen;
Bist schon lange Knecht gewesen:
Nun erfülle meinen Willen!
Auf zwei Beinen stehe,
Oben sei ein Kopf,
Eile nun und gehe
Mit dem Wassertopf!

Walle! walle
Manche Strecke,
Dass, zum Zwecke,
Wasser fließe
Und mit reichem, vollem Schwalle
Zu dem Bade sich ergieße.

Seht, er läuft zum Ufer nieder,
Wahrlich! ist schon an dem Flusse,
Und mit Blitzesschnelle wieder
Ist er hier mit raschem Gusse.
Schon zum zweiten Male!
Wie das Becken schwillt!
Wie sich jede Schale
Voll mit Wasser füllt!

Stehe! stehe!
Denn wir haben
Deiner Gaben
Vollgemessen! –
Ach, ich merk es! Wehe! wehe!
Hab ich doch das Wort vergessen!

Ach, das Wort, worauf am Ende
Er das wird, was er gewesen.
Ach, er läuft und bringt behende!
Wärst du doch der alte Besen!
Immer neue Güsse
Bringt er schnell herein,
Ach! und hundert Flüsse
Stürzen auf mich ein.

Nein, nicht länger
Kann ichs lassen;
Will ihn fassen.
Das ist Tücke!
Ach! nun wird mir immer bänger!
Welche Miene! welche Blicke!

O du Ausgeburt der Hölle!
Soll das ganze Haus ersaufen?
Seh ich über jede Schwelle
Doch schon Wasserströme laufen.
Ein verruchter Besen,
Der nicht hören will!
Stock, der du gewesen,
Steh doch wieder still!

Willsts am Ende
Gar nicht lassen?
Will dich fassen,
Will dich halten
Und das alte Holz behende
Mit dem scharfen Beile spalten.

Seht da kommt er schleppend wieder!
Wie ich mich nur auf dich werfe,
Gleich, o Kobold, liegst du nieder;
Krachend trifft die glatte Schärfe.
Wahrlich, brav getroffen!
Seht, er ist entzwei!
Und nun kann ich hoffen,
Und ich atme frei!

Wehe! wehe!
Beide Teile
Stehn in Eile
Schon als Knechte
Völlig fertig in die Höhe!
Helft mir, ach! ihr hohen Mächte!

Und sie laufen! Naß und nässer
wirds im Saal und auf den Stufen.
Welch entsetzliches Gewässer!
Herr und Meister! hör mich rufen! –
Ach, da kommt der Meister!
Herr, die Not ist groß!
Die ich rief, die Geister
Werd ich nun nicht los.

"In die Ecke,
Besen, Besen!
Seids gewesen.
Denn als Geister
Ruft euch nur zu diesem Zwecke,
Erst hervor der alte Meister."

Der Zauberlehrling ist aufgrund seines Alters und der damit ein-
hergehenden ungenügenden Lebenserfahrung innerlich noch nicht
gefestigt und sein Handeln endet, bedingt durch eine fehlende
Weitsicht, im Chaos. Der Meister repräsentiert das für Goethe
ideale Menschenbild. Seine Reife und Disziplin befähigen ihn dazu,
die Ordnung wieder herzustellen und diese stets zu gewährleisten.

Dr Lehrerlehrleng

Gott sei Dank, jetzt isch r ganga,
dr Chef, i be alloe em Haus,
ond i glaub i be afanga
meim Mentor scho a Stuck voraus:
Oft gnua han e gaffet
wia des Schuala goht,
ond wia d Kendr schaffet; –
wemma se bloß loht.

Witt du richdig
onderrichda
mosch gewichda:
Strofa? – Loba?
Boides isch fei gleich gewichdig
ond au it vrschroba!

Sodde Sprich ond weise Lehra
heere von meim Lehrer ä,
doch der ka me it bekehra,
i han do en andra Dreh:
Mei Moral, dia isch des it idda,
des isch doch vrmessa:
D Schialr moss ma oifach bidda,
s Strofa kasch vrgessa!

Witt du richdig
onderrichda
mosch gewichda:
Strofa? – Loba?
Boides isch fei gleich gewichdig
ond au it vrschroba!

So, ihr Mädala ond Buaba,
i komm als Student do rei.
Wenndr zerst a bissle gruaba,
oder daffs glei Mathe sei?
Was, koi Lust? – Wia wärs mit laufa?
Do druff hand r au koin Bock?
Shoppa wend r ond was kaufa?
Au, jetzt griage gau en Schock!

Was isch los?
Dia folget idda
ond mei Bidda,
des wird oifach ignoriert.
Mensch, was mache jetzt noch bloß,
bevor no woiß Gott wa bassiert?

Ob se wellet oder idda,
aber s Lerna moss doch sei.
Oimol werre se no bidda,
liabr Herr Gesangverei:
Send doch au so guat ond hollet
jetzt noch uire Biachr raus! –
Warom ihr des macha sollet?
Weil …, – sonscht isch jo d Stond gau aus!

I halts nemme
lenger aus,
descht en Graus:
bloß null Bock!
Be grad richdig en dr Klemme, –
isch des scho dr Praxis-Schock?

So wias aussieht hot dr Moischdr
scheints mit manchem scho au reacht.
Ben i fir dia Blogegoischdr
bloß en bleda, domma Kneacht?
Jetzt werr se noch nemme bidda,
sondern sag was Sache isch,
han des Nixdoa lang gnua glidda:
D Mathehefdr uf dr Disch!

Jo, was isch?
Meglichscht heit no, –
Affazoo!
Handrs gau?
Sofort gand r ra vom Disch! –
Dia land me em Reaga schdau!

Des goht z weit, jetzt isches Sense!
I woiß weder ei no aus,
doch was solle macha wenn se
dand wia emma Irrahaus?
Den do pack e mol am Kraga,
schloif en an sein Arbeitsplatz.
Der wirds doch it wirklich waga? –
Doch, .. der Sausiach macht Rabatz!

I lieg schiaf!
Bene z fromm,
seggldomm,
oder it ganz bacha?
Be grad emma sodda Diaf, –
so ka ne it weitrmacha!

Dia dand mit mr wa se wend,
gand uf d Barrikada.
So omeglich wia dia send,
schroddet dia den Lada!
Gott sei Dank, i sieh nen komma,
Herr, mein Redder en dr Not,
hedd se doch glei ernschter gnomma,
deine Rotschläg ond Gebot!

Huragribbl,
gend a Ruah
ond d Goscha zua! –
Jetzt, Studentle, hosch s kapiert?
Gugg, weags sodde schrege Dibbl
han i drei Johr lang studiert!

A ziemlich harte Asproch von dem Lehrer, sowohl em Student,
als au seine Schialr gegeniber! I han me bei dem Schluss vomma
Satz leita lau, den dr Goethe amol au em Zammahang mit dr
Französischa Revolution gsaid hot: „Es liegt nun einmal in meiner
Natur, ich will lieber eine Ungerechtigkeit begehen als Unordnung
ertragen".

   Em Goethe war jedes Chaos vrhasst, egal wo ond egal wers be-
ganga hot!

Friedrich Schiller

Schiller wird 1759 in Marbach am Neckar als Sohn eines Offiziers geboren und tritt 1773 auf Befehl des Herzogs Karl Eugen in dessen Militärakademie, die spätere „Karlsschule" ein, wo er Jura und Medizin studiert. Der Kasernendrill behagt ihm aber nicht und macht ihn zu einem freiheitsliebenden Dichter, der 1782 heimlich „Die Räuber" schreibt und aufführt. Der Herzog verbietet ihm die Fortsetzung seiner dichterischen Tätigkeit und Schiller flieht noch im gleichen Jahr aus Stuttgart nach Mannheim ins „Ausland". 1789 erhält er eine Geschichtsprofessur in Jena. 1794 beginnt die Freundschaft zu Goethe in Weimar, wo sich damals auch Herder und Wieland aufhalten. Der Gedankenaustausch dieser Dichterfürsten macht Weimar nach dem Sturm und Drang zum Zentrum der Hochklassik.

Friedrich Schiller und seine Balladen

Schillers Balladen sind ohne die intensive Freundschaft und den Gedankenaustausch mit Goethe nicht denkbar. Beide haben sich gegenseitig beim Entstehungsprozess befruchtet, vor allem im Balladenjahr 1797, wo sie sich gemeinsam mit der Theorie von Lyrik, Epik und Dramatik auseinandergesetzt haben. Seine Balladen gehören zu den volkstümlichsten Dichtungen der deutschen Literatur und sind das folgerichtige Ergebnis seiner persönlichen Entwicklung, der unermüdlichen Arbeit und seinen Lebenserfahrungen.

Schiller versucht, nicht nur, aber gerade in seinen Balladen, den Leser an seinem Denken und Empfinden teilhaben zu lassen in Richtung auf eine ideale Gesinnung. Fast alle seine Balladen tragen die Idee eines sittlichen Grundgedankens in sich, die sie vermitteln wollen. Schiller tut dies wortgewaltig mit Wärme und Innigkeit. In den meisten seiner Schöpfungen bringt er diese Idee so klar zum Ausdruck, dass sie in einem einzigen Vers erfasst werden können.

Die Kraniche des Ibykus (1797)

Zum Kampf der Wagen und Gesänge,
Der auf Korinthus' Landesenge
Der Griechen Stämme froh vereint,
Zog Ibykus, der Götterfreund.
Ihm schenkte des Gesanges Gabe
Der Lieder süßen Mund Apoll;
So wandert er an leichtem Stabe
Aus Rhegium, des Gottes voll.

Schon winkt auf hohem Bergesrücken
Akrokorinth des Wandrers Blicken,
Und in Poseidons Fichtenhain
Tritt er mit frommem Schauder ein.
Nichts regt sich um ihn her; nur Schwärme
Von Kranichen begleiten ihn,
Die fernhin nach des Südens Wärme
In graulichtem Geschwader ziehn.

„Seid mit gegrüßt, befreund'te Scharen,
Die mir zur See Begleiter waren!
Zum guten Zeichen nehm' ich euch;
Mein Los, es ist dem euren gleich.
Von fernher kommen wir gezogen
Und flehen um ein wirtlich Dach.
Sei uns der Gastliche gewogen,
Der von dem Fremdling wehrt die Schmach!"

Und munter fördert er die Schritte
Und sieht sich in des Waldes Mitte;
Da sperren auf gedrangem Steg
Zwei Mörder plötzlich seinen Weg.
Zum Kampfe muss er sich bereiten,
Doch bald ermattet sinkt die Hand;
Sie hat der Leier zarte Saiten,
Doch nie des Bogens Kraft gespannt.

Er ruft die Menschen an, die Götter,
Sein Flehen dringt zu keinem Retter;
Wie weit er auch die Stimme schickt,
Nichts Lebendes wird hier erblickt.
„So muss ich hier verlassen sterben,
Auf fremdem Boden, unbeweint,
Durch böser Buben Hand verderben,
Wo auch kein Rächer mir erscheint!"

Und schwer getroffen sinkt er nieder.
Da rauscht der Kraniche Gefieder;
Er hört, schon kann er nicht mehr sehn,
Die nahen Stimmen furchtbar krähn.
„Von euch, ihr Kraniche dort oben,
Wenn keine andre Stimme spricht,
Sei meines Mordes Klag' erhoben!"
Er ruft es, und sein Auge bricht.

Der nackte Leichnam wird gefunden,
Und bald, obgleich entstellt von Wunden,
Erkennt der Gastfreund in Korinth
Die Züge, die ihm teuer sind.
„Und muss ich so dich wieder finden
Und hoffte, mit der Fichte Kranz
Des Sängers Schläfe zu umwinden,
Bestrahlt von seines Ruhmes Glanz!"

Und jammernd hören's alle Gäste,
Versammelt bei Poseidons Feste,
Ganz Griechenland ergreift der Schmerz,
Verloren hat ihn jedes Herz.
Und stürmend drängt sich zum Prytanen
Das Volk; es fordert seine Wut,
Zu rächen des Erschlagnen Manen
Zu sühnen mit des Mörders Blut.

Doch wo die Spur, die aus der Menge,
Der Völker flutendem Gedränge,
Gelocket von der Spiele Pracht,
Den schwarzen Täter kenntlich macht?
Sind's Räuber, die ihn feig erschlagen?
Tat's neidisch ein verborgner Feind?
Nur Helios vermag's zu sagen,
Der alles Irdische bescheint.

Er geht vielleicht mit frechem Schritte
Jetzt eben durch der Griechen Mitte,
Und während ihn die Rache sucht,
Genießt er seines Frevels Frucht.
Auf ihres eignen Tempels Schwelle
Trotzt er vielleicht den Göttern, mengt
Sich dreist in jene Menschenwelle,
Die dort sich zum Theater drängt.

Denn Bank an Bank gedränget sitzen,
Es brechen fast der Bühne Stützen,
Herbeigeströmt von fern und nah,
Der Griechen Völker wartend da.
Dumpfbrausend wie des Meeres Wogen,
Von Menschen wimmelnd, wächst der Bau
In weiter stets geschweiftem Bogen
Hinauf bis in des Himmels Blau.

Wer zählt die Völker, nennt die Namen,
Die gastlich hier zusammenkamen?
Von Theseus' Stadt, von Aulis' Strand,
Von Phokis, vom Spartanerland,
Von Asiens entlegner Küste,
Von allen Inseln kamen sie
Und horchten von dem Schaugelüste
Des Chores grauser Melodie,

Der streng und ernst, nach alter Sitte,
Mit langsam abgemessnem Schritte
Hervortritt aus dem Hintergrund,
Umwandelnd des Theaters Rund.
So schreiten keine ird'schen Weiber,
Die zeugete kein sterblich Haus!
Es steigt das Riesenmaß der Leiber
Hoch über menschliches hinaus.

Ein schwarzer Mantel schlägt die Lenden,
Sie schwingen in entfleischten Händen
Der Fackel düsterrote Glut;
in ihren Wangen fließt kein Blut.
Und wo die Haare lieblich flattern,
Um Menschenstirnen freundlich wehn,
Da sieht man Schlangen hier und Nattern
Die giftgeschwollnen Bäuche blähn.

Und schauerlich, gedreht im Kreise,
Beginnen sie des Hymnus Weise,
Der durch das Herz zerreißend dringt,
Die Bande um den Frevler schlingt.
Besinnungsraubend, herzbetörend
Schallt der Erinnyen Gesang;
Er schallt, des Hörers Mark verzehrend,
Und duldet nicht der Leier Klang.

„Wohl dem, der frei von Schuld und Fehle
Bewahrt die kindlich reine Seele!
Ihm dürfen wir nicht rächend nahn;
Er wandelt frei des Lebens Bahn.
Doch wehe, wehe, wer verstohlen
Des Mordes schwere Tat vollbracht!
Wir heften uns an seine Sohlen,
Das furchtbare Geschlecht der Nacht.

Und glaubt er, fliehend zu entspringen,
Geflügelt sind wir da, die Schlingen
Ihm werfend um den flücht'gen Fuss,
Dass er zu Boden fallen muss.
So jagen wir ihn ohn' Ermatten,
Versöhnen kann uns keine Reu',
Ihn fort und fort bis zu den Schatten
Und geben ihn auch dort nicht frei."

So singend tanzen sie den Reigen,
Und Stille wie des Todes Schweigen
Liegt überm ganzen Hause schwer,
Als ob die Gottheit nahe wär'.
Und feierlich, nach alter Sitte,
Umwandelnd des Theater Rund,
Mit langsam abgemessnem Schritte
Verschwinden sie im Hintergrund.

Und zwischen Trug und Wahrheit schwebet
Noch zweifelnd jede Brust und bebet
Und huldiget der furchtbarn Macht,
Die richtend im Verborgnen wacht,
Die unerforschlich, unergründet
Des Schicksals dunkeln Knäuel flicht,
Dem tiefen Herzen sich verkündet,
Doch fliehet vor dem Sonnenlicht.

Da hört man auf den höchsten Stufen
Auf einmal eine Stimme rufen:
„Sieh da! Sieh da, Timotheus,
Die Kraniche des Ibykus!" –
Und finster plötzlich wird der Himmel,
Und über dem Theater hin
Sieht man in schwärzlichem Gewimmel
Ein Kranichheer vorüberziehn.

„Des Ibykus!" – Der teure Name
Rührt jede Brust mit neuem Grame,
Und wie im Meere Well' auf Well',
So läuft's von Mund zu Munde schnell:
„Des Ibykus, den wir beweinen,
Den eine Mörderhand erschlug!
Was ist's mit dem? Was kann er meinen?
Was ist's mit diesem Kranichzug?" –

Und lauter immer wird die Frage,
Und ahnend fliegt's mit Blitzesschlage
Durch alle Herzen: „Gebet Acht!
Das ist der Eumeniden Macht!
Der fromme Dichter wird gerochen,
Der Mörder bietet selbst sich dar!
Ergreift ihn, der das Wort gesprochen,
Und ihn, an den's gerichtet war!"

Doch dem war kaum das Wort entfahren,
Möchte er's im Busen gern bewahren;
Umsonst, der schreckenbleiche Mund
Macht schnell die Schuldbewussten kund.
Man reißt und schleppt sie vor den Richter,
Die Szene wird zum Tribunal,
Und es gestehn die Bösewichter,
Getroffen von der Rache Strahl.

Bei den „Kranichen des Ibykus" geht es um einen damals in Grie-
chenland anerkannten und beliebten Schriftsteller und Sänger,
der auf dem Weg von Süditalien zu den isthmischen Spielen bei
Korinth ermordet wird. Die Mörder entkommen unerkannt und
das Volk ist traurig, wütend und aufgebracht. Bei den Spielen
fliegen Kraniche über das Volk, welche Ibykus bereits auf seiner
Reise begleitet und auch seinen Tod beobachtet haben. Die Mör-
der entlarven sich selbst, indem sie sich gegenseitig auf die Vögel
aufmerksam machen, die bei dem Mord über sie hinwegflogen. Sie
werden daraufhin verurteilt.

Die „Kraniche des Ibykus" gelten als Paradebeispiel für die von Schiller mit diesem Werk neu geschaffene *Ideenballade*, die ein höheres Allgemeines zum Ausdruck bringen will. Im Zentrum der Ballade steht der Gedanke an eine göttliche Gerechtigkeit, dass Straftaten nämlich noch auf Erden gesühnt werden. Dies widerspricht allgemein christlicher Anschauung, die die Sühnung von Straftaten nach dem göttlichen Gericht ins Jenseits versetzt. Dieser Gedanke hat Schiller aber nur äußerlich interessiert. Sein Hauptaugenmerk lag vielmehr auf der Wirkung von künstlerischem Einfluss auf den Menschen. In der Ballade wird diese Sichtweise aber zur Bedingung dafür, dass sich die Rache des Ibykus überhaupt erfüllen kann. Die Selbstbezichtigung des Mörders ist nur möglich, weil den das künstlerische Geschehen auf der Bühne so in seinen Bann zog, dass er sich, und damit auch seinen Mittäter, durch diesen Ausruf *„Sieh da, sieh da, Timotheus, die Kraniche des Ibykus"* verriet. Die gesamte Handlung der Ballade strebt auf diesen Schlusseffekt, den Selbstverrat des Mörders hin, als der die Kraniche entdeckt und sie als die Rächer des Ibykus erkennt und benennt. Die Poesie wird somit zur Übermacht, die den Tod des Dichters Ibykus sühnt.

Ond wia kennt jetzt s Drehbuach fir a schwäbische Ibrtragong von dera Ballade ausseha? Welle Gedanka, Ibrlegonga moss e astella, bevor e ibrhaupt ans Schreiba, ans Ibrtraga ganga ka?

En dem Fall goht des jo scho bei dr Ibrschrift los. Dr Schwob kennt bekanntlich koin Genitiv ond ibr s Schwobalendle fliaget au selta Kranichformationa. Dia Vegl kane abr it oifach weglau, suscht wär s a ganz anders Gedicht. Olympische Spiele hammr au it jeden Dag bei eis do herom, also moss des bei ra andra Gleagahoit bassiert sei, ond vor allem, wo? I han s amol so probiert:

Em Made seine Vegl

Dia Gschicht, des isch ui jo bekannt,
spielt eigentlich en Griechaland.
Do hoißt ma „Ibykus", „Apoll".
So Nama fendt dr Schwob it toll,
drom hoißes i hald Sepp ond Fritz.
Bei eis isch au koi Bollahitz
so wia am Middlmeer do donda.
Ond au dia Vegl, hanne gfonda,
des messed noch hald Kräha sei,
weil: „Kranich" klengt a bissle z fei
bei eis. Dr reachde Handlungsort
em Schwobaland? – Der kommt sofort:

Zom Bluatritt fehrt von Schemmrhofa
noch Weigada mit seine Gofa
a jedes Johr au mit seim Rappa
dr Made, uffem Kopf a Kappa.
En dicka Mantl hot r a,
so dass ens jo it friera ka.
Dr Sepp ond d Marie lieget froh,
em Waga henda warm em Stroh.

Zwoi Däg scho send se mitanand
so ondrweags em Obrland.
Dr Fritz, so hoißt dr Karragaul,
isch altershalber zwar it faul; –
hald nemme kreftig so wia friar.
Der bleibt am kleinsta Buckl schier
noch jedem Schritt a Weile stau,
als hett mem ernsthaft abbes dau.

Em Adler send se grad no gsessa
en Bergatreute ond hand gessa.
So selbrgmachte Spätzla send
hald oifach s Greschte fir a Kend,
drzua hots saure Bohna gea. –
„Ond jetzt gohts weiter, schee isch gwea.
Mir messed heit no ens Quartier;
saumiad semmr fei alle vier!"

Se sitzet noid reacht uffem Waga,
noch heret se dr Vaddr saga:
„So Kendr, mir hands nemme weit,
bloß no den Wald durchquera heit.
Do henda gugget ma scho na
ond sieht em Tal d Basilika.
Des roicht eis so wia s aussieht no
sogar zur Lichterprozessio!"

„Guck, Baba!", schreits do laut vo henda,
„dia Vegl do uf dera Lenda,
dia fladdred aufgregt duranand
ond gugget alle her mitnand!"
"Jetzt sieh nes", said dr Vaddr, „au",
ond „Brrr!" zom Fritz, dr Gaul bleibt stau.
„Dia send jo so verruckt, mi deicht,
dia hot ma irgendwia vrscheicht."

Dr Fritz der trottet grad em Wald
so vor sich na. „Jetzt semmr bald",
so denkt dr Made, „glei gau dussa
ond gugget nom fast bis zur Schussa. –
Ob ma au d Berg scho sea ka?"
Noch helt dr Fritz uf oimol a,
weil: middla uffem Weag do send
zwoi Kerle, Briegl en de Hend:

„Bleib stau!", schreit oiner, „wo gohts na?",
so laut, dass oin grad grausa ka.
„Noch Weigada, zom Bluatritt gammr,
ond dond, von Schemmrhofa sammr".
„Des isch eis gleich, woher ihr send.
Kasch du dir denka wa mir wend?" –
„Ihr hand ui gwies em Wald vrloffa.
Gottlob, jetzt hand r mi jo troffa!

I ka ui …" „Halt dei freche Goscha,
sonscht hau de nei en sellen Boscha!"
„Dei Geld her!", schreit de andr Gstalt,
sonscht nammr mr drs hald mit Gewalt!"
Em Made, dem gohts Zäpfle na:
"I glaub, dia wellet me vrschla.
Jetzt daffe bloß nix Falsches saga,
sonst ganget dia eis an dr Kraga!"

Des goht em Made durch dr Grend
wia grad dia Vegl komma send,
wo d Marie vorher uffem Baum
scho gsea hot. – Doch er mirkt se kaum.
„Kenndsch do heit it a Ausnahm macha,
Herr Raiber, mit so schlemme Sacha?"
„Jetzt roicht mrs abr, Sakradie!",
schreit der, "ond jetzt vrhau i di!"

Der Raibr zieht en ra vom Bock
ond malträtiert en mit seim Stock,
obwohl dr Made „Hilfe!" schreit.
Se send hald oifach scho viel z weit
vom Dorf weg ond drom hert des koinr,
wia dia zwoi Raibr seine Boinr
so zammahauet, dass der Ma
noch nemme richdig naschdau ka.

Oin Raibr schreit: „Was isch denn do?",
ond gugget selle Vegl no,
dia zmol von ihre Beim rafladdret, –
dia Raibr, dia send ganz vrdaddret:
Des Ziefer fliagt ene om d Grend,
dia wissed nemme, wo se send.
„Mir hauet ab", schreit oin Bandit,
ond nammet hald koi Geld it mit!"

Gottlob hand d Raibr boide Kendr
vrschonet, suscht wärs jo no mendr!
Jetzt lupfet dia dr Babba so
wia ses vrmeged nauf ufs Stroh.
Der hot zwar Schmerza wia en Gaul,
helt trotzdem it sei gschondes Maul,
ond fluachet wia s en Rosskneacht duat, –
so hot dr Made jetzt a Wuat.

Noch sitzt dr Sepp hald uf dr Bock,
weil, s Mariele, dia hot en Schock
ond leit beim Vaddr uffem Stroh.
Der schreit ond johmred emmr no:
„Jo gugged au dia Vegl a,
dia ziehed äh no ihra Bah.
I mecht jo it grad ibrtreiba:
Dia wend, wias aussieht, bei eis bleiba!"

So fahred se, s isch scho a Schand,
durch dr Altdorfer Wald mitnand.
Ond jedem, dem se so vrkommed,
der moint zerst mol, er werr vrdommet,
wenn se vrzehlet was grad war.
Vor allem, wia dia Voglschar
dem Heifale jetzt nemme weicht,
so manchen meh als komisch deicht!

„Wia witt", so saget nochet d Leit,
„denn so a Gsendl fanga heit?
Dia send enzwischa so weit gloffa,
mir jedafalls hand koine troffa,
dia ausgsea hand wia ihrs beschreibet.
Womeglich kas au sei, dia bleibet
mit Fleiß en dene Menschamassa:
Bei so viel Leit kasch dia it fassa!"

„Mir send gottfroh, dass mr no leabet,
ond dass mr außrdem drneabet
au eisr Geld no bhalda hend.
Des wär en Frevl ond a Send,
wenn i jetzt johmra dät ond fluacha.
Dia Kerle soll dr Bittl suacha!
I frai me jetzt glei uf a Bier",
said noch dr Made, „em Quartier."

Dr Sepp schreit „Hü!", dr Fritz zieaht a, –
guat dass der Bua scho fahra ka!
Ond noch ra viertl–, halba Stond,
do sehet se scho Baindt do dond.
Noch Weigada ischs nemme weit,
wo s endlich was zom essa geit.
So gega Obed send se donda
ond hand au ihren Stall glei gfonda.

„Des isch jo wirklich allrhand",
so gohts fei wia en Flächabrand
durchs ganze Städtle, „was dia Kloba
ui adau hand em Wald do doba!"
„Wa send denn des fir Kerle gwea?"
„Heit isches wirklich nemme schea!"
„Des waret friar no andre Zeita!"
„It mol zom Bluatritt kasch me reita!"

So regt sich jeder auf em Städtle.
Dags druff do stohts au scho em Blättle:
"Brutaler Überfall auf Reiter.
Die Polizei weiß auch nicht weiter!"
Am Stammtisch hert ma Sacha wia:
"Dia Buscht, dia griaget dia doch nia!"
„Dia send scho lang en Eschdreich diba!"
„Noi, noi, dia send em Wald dob blieba!"

Em Klosterhof am nägschda Morga
macht sich dr Made richdig Sorga,
ob r des durchhelt, vier, feif Stonda:
Sein Kopf duat weh ond d Hend vrbonda.
Dreidaused Reitr reitet mit,
ond er, dr Made, isch it fit!
„Oh, wenn e no scho doba wär,
komm Bua, komm gang amol do her!"

Jetzt kommt dr Abt grad mit dem Schatz,
em Heilig-Bluat-Kreiz, uf dr Platz.
Sein Gaul, der macht a paar Sperenzla
ond duat a bissale so denzla.
Doch ällz goht guat ond d Prozessio
bewegt sich jetzt allmählich so
en Richdong uf dr erscht Aldar,
mit dera riesa Reitrschar.

Am Galgakreiz, do helt ma nomml,
zom zwoida Mol, ond so a Tromml,
bedeitet alle, ruig zom sei.
Do schreits zmol en dia Stille nei:
„Du Karle, guck amol do nauf,
dia Vegl heret nemme auf.
Des send vom Wald do dob dia Kräha,
dia hand eis, glaube, ganz gwies gsäa!"

71

„Du bisch en domma Siach, en dauba,
halt bloß dei Maul! – I kas it glauba,
dass oin alloe so bled sei ka –
jetzt semmr alle boide dra!"
En dem Moment mirkt au dr andr,
dass boide bled send – mitanandr,
ond dass d Leit wissed, wer se send:
Ma siehts an ihre rote Grend!

Ans Bedda isch jetzt it zom denka:
Ällz dreht sich om, duat d Kepf vrrenka,
ond gugget noch de selle Gsella,
wo d Leit hand ibrfalla wella.
En Ma schreit: „Hammr ui vrdwischt!",
hot glei em erschda oine gwischt,
so dass der bloß no Sternla sieht
ond nemme woiß, wianem grad gschieht!

Sein Kumpl, der nammt glei Reißaus,
sprengt us dr Menschamenge naus,
des hoißt, probierts, doch drei, vier Ma,
dia hebet en am Kraga a.
Noch isches aus fir selle zwoi.
Am End wars au des Voglgschroi
wo se verrota hot, dia Siacha, –
grad wia beim Schiller ond de Griacha!

Friedrich Schiller – Der Taucher

„Der Taucher" ist die erste Ballade die Schiller dichtet, nachdem er im Juni 1797 mit Goethe in einen freundschaftlichen Balladenwettstreit eintritt. Im Zentrum der Ballade steht die Idee, dass man die Götter nicht in Versuchung bringen soll. Der Jüngling stürzt sich zunächst aus jugendlichem Leichtsinn und Ehrsucht in den fast sicheren Tod. Voller Ehrfurcht vor den erlebten Gefahren der Untiefe kommt er aber glücklich wieder ans Licht, wagt dann aber für die Liebe der Königstochter erneut den Sprung in die Tiefe.

Der Taucher (1797)

"Wer wagt es, Rittersmann oder Knapp,
Zu tauchen in diesen Schlund?
Einen goldnen Becher werf ich hinab,
Verschlungen schon hat ihn der schwarze Mund.
Wer mir den Becher kann wieder zeigen,
Er mag ihn behalten, er ist sein eigen."

Der König spricht es und wirft von der Höh
Der Klippe, die schroff und steil
Hinaushängt in die unendliche See,
Den Becher in der Charybde Geheul.
"Wer ist der Beherzte, ich frage wieder,
Zu tauchen in diese Tiefe nieder?"

Und die Ritter, die Knappen um ihn her
Vernehmen's und schweigen still,
Sehen hinab in das wilde Meer,
Und keiner den Becher gewinnen will.
Und der König zum dritten Mal wieder fraget:
"Ist keiner, der sich hinunter waget?"

Doch alles noch stumm bleibt wie zuvor,
Und ein Edelknecht, sanft und keck,
Tritt aus der Knappen zagendem Chor,
Und den Gürtel wirft er, den Mantel weg,
Und alle die Männer umher und Frauen
Auf den herrlichen Jüngling verwundert schauen.

Und wie er tritt an des Felsen Hang
Und blickt in den Schlund hinab,
Die Wasser, die sie hinunterschlang,
Die Charybde jetzt brüllend wiedergab,
Und wie mit des fernen Donners Getose
Entstürzen sie schäumend dem finstern Schoße.

Und es wallet und siedet und brauset und zischt,
Wie wenn Wasser mit Feuer sich mengt,
Bis zum Himmel spritzet der dampfende Gischt,
Und Flut auf Flut sich ohn Ende drängt,
Und will sich nimmer erschöpfen und leeren,
Als wollte das Meer noch ein Meer gebären.

Doch endlich, da legt sich die wilde Gewalt,
Und schwarz aus dem weißen Schaum
Klafft hinunter ein gähnender Spalt,
Grundlos, als ging's in den Höllenraum,
Und reißend sieht man die brandenden Wogen
Hinab in den strudelnden Trichter gezogen.

Jetzt schnell, eh die Brandung wiederkehrt,
Der Jüngling sich Gott befiehlt,
Und – ein Schrei des Entsetzens wird rings gehört,
Und schon hat ihn der Wirbel hinweggespült,
Und geheimnisvoll über dem kühnen Schwimmer
Schließt sich der Rachen, er zeigt sich nimmer.

Und stille wird's über dem Wasserschlund,
In der Tiefe nur brauset es hohl,
Und bebend hört man von Mund zu Mund:
"Hochherziger Jüngling, fahre wohl!"
Und hohler und hohler hört man's heulen,
Und es harrt noch mit bangem, mit schrecklichem Weilen.

Und wärfst du die Krone selber hinein
Uns sprächst: Wer mir bringet die Kron,
Er soll sie tragen und König sein –
Mich gelüstete nicht nach dem teuren Lohn.
Was die heulende Tiefe da unten verhehle,
Das erzählt keine lebende glückliche Seele.

Wohl manches Fahrzeug, vom Strudel gefaßt,
Schoß jäh in die Tiefe hinab,
Doch zerschmettert nur rangen sich Kiel und Mast,
Hervor aus dem alles verschlingenden Grab. –
Und heller und heller, wie Sturmes Sausen,
Hört man's näher und immer näher brausen.

Und es wallet und siedet und brauset und zischt,
Wie wenn Wasser mit Feuer sich mengt,
Bis zum Himmel spritzet der dampfende Gischt,
Und Well auf Well sich ohn Ende drängt,
Und wie mit des fernen Donners Getose
Entstürzt es brüllend dem finstern Schoße.

Und sieh! aus dem finster flutenden Schoß,
Da hebet sich's schwanenweiß,
Und ein Arm und ein glänzender Nacken wird bloß,
Und es rudert mit Kraft und mit emsigem Fleiß,
Und er ist's, und hoch in seiner Linken
Schwingt er den Becher mit freudigem Winken.

Und atmete lang und atmete tief
Und begrüßte das himmlische Licht.
Mit Frohlocken es einer dem andern rief:
"Er lebt! Er ist da! Es behielt ihn nicht!
Aus dem Grab, aus der strudelnden Wasserhöhle
Hat der Brave gerettet die lebende Seele."

Und er kommt, es umringt ihn die jubelnde Schar,
Zu des Königs Füßen er sinkt,
Den Becher reicht er ihm kniend dar,
Und der König der lieblichen Tochter winkt,
Die füllt ihn mit funkelndem Wein bis zum Rande,
Und der Jüngling sich also zum König wandte:

"Lange lebe der König! Es freue sich,
Wer da atmet im rosigten Licht!
Da unten aber ist's fürchterlich,
Und der Mensch versuche die Götter nicht
Und begehre nimmer und nimmer zu schauen,
Was sie gnädig bedeckten mit Nacht und Grauen.

Es riß mich hinunter blitzesschnell –
Da stürzt mir aus felsigtem Schacht
Wildflutend entgegen ein reißender Quell:
Mich packte des Doppelstroms wütende Macht,
Und wie einen Kreisel mit schwindelndem Drehen
Trieb mich's um, ich konnte nicht widerstehen.

Da zeigte mir Gott, zu dem ich rief
In der höchsten schrecklichen Not,
Aus der Tiefe ragend ein Felsenriff,
Das erfaßt ich behend und entrann dem Tod –
Und da hing auch der Becher an spitzen Korallen,
Sonst wär er ins Bodenlose gefallen.

Denn unter mir lag's noch, bergetief,
In purpurner Finsternis da,
Und ob's hier dem Ohre gleich ewig schlief,
Das Auge mit Schaudern hinuntersah,
Wie's von Salamandern und Molchen und Drachen
Sich regt' in dem furchtbaren Höllenrachen.

Schwarz wimmelten da, in grausem Gemisch,
Zu scheußlichen Klumpen geballt,
Der stachligte Roche, der Klippenfisch,
Des Hammers greuliche Ungestalt,
Und dräuend wies mir die grimmigen Zähne
Der entsetzliche Hai, des Meeres Hyäne.

Und da hing ich und war's mit Grausen bewußt
Von der menschlichen Hilfe so weit,
Unter Larven die einzige fühlende Brust,
Allein in der gräßlichen Einsamkeit,
Tief unter dem Schall der menschlichen Rede
Bei den Ungeheuern der traurigen Öde.

Und schaudernd dacht ich's, da kroch's heran,
Regte hundert Gelenke zugleich,
Will schnappen nach mir, in des Schreckens Wahn
Laß ich los der Koralle umklammerten Zweig;
Gleich faßt mich der Strudel mit rasendem Toben,
Doch es war mir zum Heil, er riß mich nach oben."

Der König darob sich verwundert schier
Und spricht: "Der Becher ist dein,
Und diesen Ring noch bestimm ich dir,
Geschmückt mit dem köstlichsten Edelgestein,
Versucht du's noch einmal und bringt mir Kunde,
Was du sahst auf des Meeres tiefunterstem Grunde."

Das hörte die Tochter mit weichem Gefühl,
Und mit schmeichelndem Munde sie fleht:
"Laßt, Vater, genug sein das grausame Spiel!
Er hat Euch bestanden, was keiner besteht,
Und könnt Ihr des Herzens Gelüsten nicht zähmen,
So mögen die Ritter den Knappen beschämen."

Drauf der König greift nach dem Becher schnell,
In den Strudel ihn schleudert hinein:
"Und schaffst du den Becher mir wieder zur Stell,
So sollst du der trefflichste Ritter mir sein
Und sollst sie als Ehegemahl heut noch umarmen,
Die jetzt für dich bittet mit zartem Erbarmen."

Da ergreift's ihm die Seele mit Himmelsgewalt,
Und es blitzt aus den Augen ihm kühn,
Und er siehet erröten die schöne Gestalt
Und sieht sie erbleichen und sinken hin –
Da treibt's ihn, den köstlichen Preis zu erwerben,
Und stürzt hinunter auf Leben und Sterben.

Wohl hört man die Brandung, wohl kehrt sie zurück,
Sie verkündigt der donnernde Schall –
Da bückt sich's hinunter mit liebendem Blick:
Es kommen, es kommen die Wasser all,
Sie rauschen herauf, sie rauschen nieder,
Den Jüngling bringt keines wieder.

In der Erzählung, welche Schiller als Quelle für seine Ballade be-
nutzt hat, steht die Habsucht des heldenmütigen Tauchers im
Vordergrund. Diesem Motiv konnte Schiller nichts abgewinnen.
Sein Held musste von edleren Gefühlen und Absichten geleitet
werden. Wie fast alle seine Balladen sollte auch diese von einer
gewichtigeren Lehre als Grundton getragen werden.
    Der Taucher selbst warnt den König ja davor, die Götter her-
auszufordern: *Der Mensch versuche die Götter nicht!* und verstößt

gleich danach gegen seine eigene Warnung und Erkenntnis, indem er beim zweiten Mal in den sicheren Tod springt. Ob letztlich wegen seiner erwachenden Liebe zur Königstochter oder aus Abhängigkeit seinem König gegenüber, lässt Schiller offen und der Beurteilung des Lesers überlassen. Er stellt mit dieser Ballade auch die Frage nach den Pflichten und Aufgaben eines Herrschers und Vorgesetzten und damit generell nach der Legitimation von Macht.

Der König hat sich hier in doppelter Hinsicht schuldig gemacht: Gegenüber seinem Knappen, aber auch gegenüber seiner Tochter, deren Glück er zerstört und damit auch sein eigenes Leben untergraben hat. Aber auch der Taucher wird schuldig; schuldig an sich selbst, indem er gegen seine eigene Erkenntnis handelt, dass das Leben auf dieser Welt von unschätzbarem Wert ist, das man nicht ohne Not leichtfertig aufs Spiel setzen darf.

In angemessener Bescheidenheit muss der Mensch nach Schiller die ihm gesetzten Grenzen akzeptieren. Auflehnung dagegen ist Ausdruck menschlicher Hybris, die seinen Untergang nach sich ziehen wird.

Dr Tauchr

„Wer traut sichs zua, do nab zom taucha
en dia donkl, grausig Briah?
„Den kennte", said dr Kenig, „braucha!",
doch so oin, moint r, fendt r nia.
„I glaub, dass des bloß oinr ka
der Schneid hot. – Hald en reachda Ma!

Mein liabschda Becher isch des gsei,
i han koin scheenra it dohoe!
Den keie en des Wasser nei:
er isch aus Gold ond Edelstoe.
Jetzt bene gspannt, dr well von ui
au Mumm hot, it bloß woiche Gnui!"

Ond alle Ritter, Diener, Kneacht,
dia gugget bloß vrleaga rom.
Des isch em Kenig gar it reacht,
ond langsam wird s dem au gau z domm:
„Wa send au ihr fir Hosasoicher,
ihr Kerle werret emmr woicher!"

No emmr haltet alle d Goscha.
Zmol dabbet oinr doch no raus,
vrschwendet hentr so ma Boscha,
ond ziaht do seine Kloidr aus,
bis alle zletscht am Boda schdragget;
noch kommt r virre, – budlnagget!

Des scheint dem gar nix auszommacha,
dass er sich wia dr Adam geit.
Drom fanget au a paar a lacha,
dia send des it so gwehnt, dia Leit:
„So abbes hetts friar au it gea!" –
Doch manche fendets au ganz schea!

Desch doch dr Franz, en Bodybuilder,
der zoigt fei d Muskla ond no meh.
Dia Fraua werret emmr wilder
ond machet en zletscht gau no he.
„A Ruah!", dr Kenig, „land en taucha,
des isch dr Reacht, den kan e braucha!"

Dr Fenger duat r jetzt an d Lippa,
dr Kenig, hoißt se ruig zom sei.
Dr Franz, der stoht jetzt an dr Klippa,
ond gugget en dia Brandong nei.
„Warom ben i bloß virre komma?
I be en dauba Siach en domma!

Jetzt gibt's koi "Zruck" meh, i moss jugga,
dia glaubet sonscht no it hett Schiss.
Des dät me fei scho ziemlich drugga,
it emmr geits en Kompromiss.
Jetzt breng es oifach hentr mi, –
i ka doch schwemma, Sakradie!"

En letschda Blick no von dr Klippa,
do donda do isch d Hölle los!
No loht r sich no vorna kippa,
sprengt ab, ond alles wadet bloß,
bis den des Chaos glei vrschluckt. –
„I be", des denkt r no, „verruckt!"

Doch des kriagt von de Leit do doba
jo nearmed mit. Dia sehet hald
dia Wella ond dia Brandong toba,
ond wia dr Franz glei em dem Spalt,
dem zwischa zwoi so Felsaspitza
vrschwendet, ohne sich zom ritza!

Von mir aus kennt dr Kenig au
sei Krona en des Wasser keia,
den Taucher, wo se noched gau
an Land brengt, no zom Kenig weiha:
Mi brächdet it zeah Geil drzua,
des was dr Franz macht, au zom dua!

Do donda brodlet des ond duats,
als däts gau explodiera.
Des isch uf koin Fall abbes Guats,
ond nearmrd sotts probiera!
A halbe Ewigkoit isch rom
ond langsam wird s em Kenig z domm:

„Mi deicht, do isch was it reacht gloffa!",
so moint dr Kenig neababei.
„Wias aussieht, isch der Ma vrsoffa.
I woiß es it, wia dem au sei:
Mein Becher bleibt anscheinend donda,
ond der en holla sott, – vrschwonda!"

Des isch a Leddagschwätz ond domm,
was do der Kenig von sich geit!
Zom Glick heerts nearmrd om en rom,
weil des, des goht entschieda z weit!
Au Kenig schwätzed manchmol Schrott,
des schreit jo grad zom liaba Gott!

„Ja gugget au, was isch denn do?",
schreit zmol oiner von onda.
"Do honda, do goht abbes noh ..,
dr Franz! I hannen gfonda!
Der leit da hana uf ma Stoe, –
ond schnaufet no! Mir dand en hoe."

So drei, vier Ma dia gand do na
ond wuchdet en noch oba.
Dr Franz ka emmr no nix sa,
sein Kreiz isch ganz vrschoba.
Noch brenget sen zom Kenig nomm
ond hoffet, dass r zua sich komm.

Jetzt macht r d Auga auf, dr Franz,
kommt langsam zu sich sell,
begreift den ganza Firlefanz
it glei ond said en d Ronde schnell:
„I han den Becher fei it gfonda.
Do wars kuahranzanacht do donda!"

„Des macht doch nix!", liagt noch dr Kenig,
„mir send gottfroh, dass di s no geit.
Des Liacht, des war hald oifach z wenig,
ond aufgregt waresch weags de Leit!
Jetzt liegsch zerst mol a Weile na,
noch sieht ma weiter, guatr Ma."

Dr Franz vrhollet sich noch glei,
ka wieder richdig schwätza.
Ja wias do donda gweasa sei?
„Furchtbar", däbet se schätza!
So lechret alle Leit den Ma,
bis der noch nemme andersch ka:

„Des ka ma", said dr Franz noch ruig,
„em Grond gar it beschreiba.
Do donda geits a firchdigs Zuig,
do kasch au it lang bleiba!
I han bald nemme schnaufa kenna
en dera dokla Briah do denna!

Schlanga, Krebs ond Dendafisch,
en Hai hot no mr bissa,
egal, wo da au gschwomma bisch; –
i werr s gwies it vrmissa.
I dät it om a Kenigreich
a zwoits Mol na en sellen Teich!"

„Ha Kerle, komm, wa schwätscht denn do!",
mischt sich dr Kenig ei,
„jetzt mach hald gschwend anandr noh,
so schwer kas doch it sei!
Mir zwoi, mir machet jetzt en Handl:
den Becher fir mei Mariandl!"

„Se isch zwar reich, doch au en Scherba",
denkt sich dr Franz, „i will se it.
Do saue glatt en mei Vrderba."
Zom Kenig said r: „Mir send quitt."
Ond weiter frei ond ogeniert:
„I han mei Leaba grad riskiert!

Dei Tochter samt em Kenigreich;
du kasch fei boides bhalda.
Dur wa da witt, mir isches gleich,
bei mir bleibt ällz beim Alda:
Mein Moscht, den trenke ussem Kruag,
des isch mr Kenigreich grad gnuag!"

Demol hot koi Notwendigkeit bestanda wie bei de Kranich vom Ibykus, sich a nuie Handlong auszomdenka ond dia au no en eisr Gegend zom vrlega. Mir hand jo schliaßlich au koi Meer do herom, mir hedded grad ufs „Schwäbische Meer" zruckgreifa messa odr uf dr Feadrasee. Ond do hett e dann dr Franz vom Steag na en dia donkl Moorbriah jugga lau? – Noi, des nammt oim jo koin Mensch ab!

Aber ihr hands sicher gmirkt: Oin entscheidenda Ondrschied en dr Handlung hanne doch vorgnomma: Beim Schiller hett sich dr Taucher jo, nochdem r Gott sei Dank den ersta Bledsenn ibrlebt hot, ibrlega kenna, ob r wirklich nomml do najugga will. Hot r it gmacht! Ond au dr Kenig hett en it a zwoits Mol en dr sichre Dod schicka daffa. – Hot r aber dau!

En meinra Version isch dr Taucher nadirlich en Schwob ond obwohl r noid vierzge isch, wo ma bei eis bekanntlich erst gscheid wird, hot r des begriffa, dass ma dr gleiche Fehler it zwoimol macha sott. Ond außerdem traut sich endlich amol oiner, dem Kenig ens Gsiecht nei zom sa, was r von em helt ond dass dr sell oifach en Depp ist!

Friedrich Schiller – Der Handschuh

In einem Brief vom 18. Juni 1797 an Goethe bezeichnet Friedrich Schiller seine Ballade „Der Handschuh" als ein kleines Nachstück zum „Taucher". Dieses Nachstück gehört zu den bekanntesten Balladen Schillers überhaupt. Nur drei Tage nach dem Taucher hatte Schiller auch den Handschuh fertig, wobei sich der mit einem ähnlichen Thema auseinandersetzt wie der Taucher. Das Besondere im Handschuh aber ist der schwungvolle Versbau Schillers.

Goethe sendet die Ballade mit der Bemerkung an Schiller zurück, der Handschuh sei ein sehr glücklicher Gegenstand und die Ausführung gut geraten. Am Schluss seines Briefes fügt er noch hinzu, dass der Handschuh *„vom Taucher wirklich ein artiges Nach- und Gegenstück"* sei.

Der Handschuh (1797)

Vor seinem Löwengarten,
Das Kampfspiel zu erwarten,
Saß König Franz,
Und um ihn die Großen der Krone,
Und rings auf hohem Balkone
Die Damen in schönem Kranz.

Und wie er winkt mit dem Finger,
Auf tut sich der zweite Zwinger,
Und hinein mit bedächtigem Schritt
Ein Löwe tritt,
Und sieht sich stumm
Rings um,
Mit langem Gähnen,
Und schüttelt die Mähnen
Und streckt die Glieder
Und legt sich nieder.

Und der König winkt wieder,
Da öffnet sich behend,
Ein zweites Tor,
Daraus rennt
Mit wildem Sprunge
Ein Tiger hervor.
Wie er den Löwen erschaut,
Brüllt er laut,
Schlägt mit dem Schweif
Einen furchtbaren Reif,

Und recket die Zunge,
Und im Kreise scheu
Umgeht er den Leu
Grimmig schnurrend,
Drauf streckt er sich murrend
Zur Seite nieder.

Und der König winkt wieder,
Da speit das doppelt geöffnete Haus
Zwei Leoparden auf einmal aus,
Die stürzen mit mutiger Kampfbegier
Auf das Tigertier;
Das packt sie mit seinen grimmigen Tatzen,
Und der Leu mit Gebrüll
Richtet sich auf, da wird's still,
Und herum im Kreis,
Von Mordsucht heiß,
Lagern sich die greulichen Katzen.

Da fällt von des Altans Rand
Ein Handschuh von schöner Hand
Zwischen den Tiger und den Leun
Mitten hinein.

Und zu Ritter Delorges spottenderweis
Wendet sich Fräulein Kunigund:
„Herr Ritter, ist Eure Lieb so heiß,
Wie Ihr mir's schwört zu jeder Stund,
Ei, so hebt mir den Handschuh auf!"

Und der Ritter in schnellem Lauf
Steigt hinab in den furchtbaren Zwinger
Mit festem Schritte,
Und aus der Ungeheuer Mitte
Nimmt er den Handschuh mit keckem Finger.

Und mit Erstaunen und mit Grauen
Sehen's die Ritter und Edelfrauen,
Und gelassen bringt er den Handschuh zurück.
Da schallt ihm sein Lob aus jedem Munde,
Aber mit zärtlichem Liebesblick –
Er verheißt ihm sein nahes Glück –
Empfängt ihn Fräulein Kunigunde.

Und er wirft ihr den Handschuh ins Gesicht:
„Den Dank, Dame, begehr' ich nicht!"
Und er verlässt sie zur selben Stunde.

Als Nachstück zum Taucher kann der Handschuh in zweifacher
Hinsicht angesehen werden. Hier treibt die Laune eines hoffärti-
gen Weibes und eines neugierigen Königs mit der Kraft und dem
Mut eines Ritters ein grausames Spiel. Auch in dieser Ballade ist
es eben dieses Ehrgefühl, das Ritter und Knappen in den Kampf
mit furchtbaren Naturkräften treibt. Die Grundidee Schillers lau-
tet hier in leichter Abwandlung zu der im Taucher: „Der Mensch
versuche den Menschen nicht!"

Dr Hendscha

Dr Kenig Franz kas kaum vrwada
was glei bassiera wird em Gada.
Drom loht r sich au heit sein Thro
mol nausstella uf dr Balko.

Alloe wär des it halb so schee,
drom sitzed uffem Kanapee
a Dutzed gladne Ehragäscht,
dia grad so gspannt send uf des Fest.

Ganz vorna dana, noh am Glendr,
send Dama en de Festtagsgwendr
ond andre scheene Edelfraua
au wondrfitzig uf des Graua.

Jetzt wenkt dr Kenig mit em Fengr.
Zmol goht a Tor auf en dem Zwengr,
ond so en Lewe dabbet rei, –
dem scheints reacht langweilig zom sei:

Er schittled zmol sein riesa Grend,
reißs Maul auf, gehnt ond suacht am End
a Plätzle, won r gruaba ka:
Leit onderm Baum en Schadda na.

Jetzt hebt dr Kenig nomml d Hand
ond auf duat sich a zwoide Wand,
us dera mit ma Mordsgebrill
en Tiger raussprengt, – noch ischs still.

Jetzt kennt ma moina, s däb au roicha,
doch nomml geit dr Kenig Zoicha,
als ob des noid gnuag Ziefer wär:
jetzt messed Leoparda her!

Dia sprenget mit ma Affazah
direkt zu sellem Tiger na
ond zoiget dem ihr Mordsgebiss
ond fauched, doch der hot koin Schiss!

Dia wend it bloß a bissle foiga,
die wend dem Tiger richdig zoiga,
wer Herr em Haus isch, brilled rom.
Noch wirds dem aber au gau z domm:

Jetzt schlet r zmol mit seine Tatza
so uf dia zwoi nei, uf dia Katza, –
dia wissed nemme wer se send,
ond dugget bloß no ihre Grend!

Dr Lewe guckt a Weile zua,
stoht auf, – ond zmol isch wieder Ruah!
Jetzt lieget alle vier mitnander
ganz friedlich donda beianander.

Doch des gfellt jetzt em Kenig idda,
er nammt en Stoe ond wirft en midda
en sellen Raubtierhaufa nei, –
dia send de lengscht Zeit riabig gsei!

Jetzt werred se fuchsdeifelswild.
Du machsch dir do drvo koi Bild,
so aggressiv wia dia sich gend:
Bloß guat, dass dia fest eigschbirrt send!

Dia Dama doba am Balko,
dia send nadirlich meh wia froh,
dass se weit weg send von de Katza
mit dene firchterliche Fratza.

A Edelfrailein, d Josaphe,
dia macht sich grad a bissle schee:
Se suacht drzua en ihrem Däschle,
en guada Duft us amma Fläschle.

Se gruschtled rom en ihrem Beitl,
ma isch als Frau jo schliaßlich eitl:
en Lippastift, a Puderdesle,
ond vom Galan a trocknets Resle.

Ond wia se grad am Glendr hanget,
en ihrer Dasch zom Fläschle langet,
fellt ra en Hendscha us de Fengr
ond middla nei en Raubtierzwengr,

95

genau dem Tiger vor sein Riebl.
Der schnubbret dra: „Isch gar it iebl,
der Duft, doch nix zom Fressa.
Eis hot ma scheinbar heit vrgessa!"

Ond bei de Edelleit do doba,
fangt d Josaphe jetzt a zom toba:
„Wer hollet mir jetzt ussem Gada
den Hendscha rauf? S wär it sein Schada!"

Doch do schreit koinr: „Jo, hurra,
i steig glei en den Zwengr na!"
Drom said zom Fraillein noch dr Kenig:
„Vielleicht isch a 'Vergelts Gott' zwenig?"

Jetzt froget d Josaphe dr Sepp,
(der macht sich oft fir se zom Depp!):
„Du saisch doch ä, däbesch me mega,
jetzt kenndesch de fir mi mol rega!"

Dr Sepp, der said sonscht it so viel
ond helt au jetzt nix von dem Spiel:
„Dir gohts doch gar it om den Hendscha,
du spielst hald gära mit de Menscha!

I holl dr trotzdem sellen Fetza,
au wenn dia Viecher mir en Bletza
us meiner Sonndigshosa reißet; –
so lang se it en Arsch nei beißet!"

Dr Sepp, der stoht scho uf dr Stiaga
noch schreit dr Kenig: „Viel Vrgniaga.
Ich woiß uf di, Sepp, isch Vrlass.
Des gibt jetzt glei en Haidaspass!"

„A Spässle isch des fir mi it!",
denkt sich dr Sepp, „doch i mach mit.
Ond komme ogschora do raus,
noch zahle ui des aber naus!"

Enzwischa gugget d Edelleit,
wo s guade Aussichtsplätzla geit:
Am Glendr vorna sieht ma guat,
was jetzt dr Sepp do donda duat.

Wa hot r do en seine Bratza? –
Jo klar, des send doch jonge Katza!
Grad loht r s los ond glei druff na
fangt donda scho dr Zirkus a:

Dr Tiger macht en Riesasatz:
fast hett r se vrwischt, dia Katz!
Jetzt jaged au de andre mit
ond alle send zmol wieder fit.

Uf den Moment do hot r basset,
dr Sepp, ond heimlich ghofft, se lasset
den Hendscha grad do dana flagga,
ond er, er kennt en noched pagga.

Genau so macht r s au noch glei:
Er nammt en Alauf, sprengt vrbei,
packt schnell den Hendscha ussem Sand
ond isch scho diba an dr Wand.

Doch des hot au dr Lewe gsea,
loht s Kätzle sprenga: „Schee ischs gwea!"
Doch so en dicka, fetta Ma,
der macht n hald scho ehndr a.

Em Nu isch r beim Sepp am Loch,
„Wat no, di kriage aber doch!"
Er schnappt noch em, doch knapp drneaba. –
Dr Sepp bleibt vorerst no am Leaba,

schlet hendr sich des Gittr zua,
ond hot firs Erschde wieder Ruah.
Jetzt kommt r, en dr Hand dr Hendscha,
uf dr Balko. – „Was mechsch dr wenscha?",

so froget en glei d Josaphe,
ond duat em wieder richdig schee:
„I hett jo gära so en Ma,
uf den ma sich vrlassa ka!"

Dr Sepp, der ibrlegt a Weile
noch said r trocka, ohne Eile:
„I han drs vorher jo scho gsaid:
I brauch dein Dank it, s duat mr laid!

Du bisch jo so was von drneaba!
Ben i vielleicht bloß seit es Leaba
fir di riskiert han erst en Mensch?
Woisch Josaphe, i glaub du spennsch!

Ach, rutsch mr doch dr Buckl na,
wa solle sonscht no zua dr sa?
I mach fir di mei Leaba lang
nia meh en Fengr kromm. I gang!"

So, an dera Stell semmr jetzt so weit wia beim Schiller.
Aber ma kennt jo no oin druffsetza ond froga:

Ond hot dia Gschicht au a Moral? –
Jo freile, ond zwar ganz banal:
Hett d Eva nia dr Adam troffa .... ,
noch wärs au do ganz andrsch gloffa!

Dr „Hendscha" isch au no ussa ma andra Grond a Gegastuck zom
„Taucher": Dr „Taucher", der juckt jo zom zwoita Mol en dia donkl
Briah, weil r als Loah fir sein Muat vom Kenig d Hand von dera
Jongfrau griaga will.

Dr Ritter em „Hendscha" will den Preis gar it: „Den Dank, Dame,
begehr ich nicht!", loht en dr Schiller sa. „I brauch den Dank it, s duat
mr loid!", said dr tapfre Schwob. Em Sepp roichts, dass r von jedem,
der des gseah hot, wia Schella Kenig globt worra isch. Ond domit
isch sei Ehre als Ritter wieder hergstellt ond er „verlässt sie zur selben
Stunde!", said dr Schiller. – „Schdau lau hott r se, des Saumensch,
des hoffärdig, ond des gschieht ra grad reacht!", said dr Schwob.

Friedrich Schiller – Die Bürgschaft (1798)

Zu Dionys, dem Tyrannen, schlich
Damon, den Dolch im Gewande:
Ihn schlugen die Häscher in Bande,
„Was wolltest du mit dem Dolche? sprich!"
Entgegnet ihm finster der Wüterich.
„Die Stadt vom Tyrannen befreien!"
„Das sollst du am Kreuze bereuen."

„Ich bin", spricht jener, „zu sterben bereit
Und bitte nicht um mein Leben:
Doch willst du Gnade mir geben,
Ich flehe dich um drei Tage Zeit,
Bis ich die Schwester dem Gatten gefreit;
Ich lasse den Freund dir als Bürgen,
Ihn magst du, entrinn' ich, erwürgen."

Da lächelt der König mit arger List
Und spricht nach kurzem Bedenken:
„Drei Tage will ich dir schenken;
Doch wisse, wenn sie verstrichen, die Frist,
Eh' du zurück mir gegeben bist,
So muß er statt deiner erblassen,
Doch dir ist die Strafe erlassen."

Und er kommt zum Freunde: „Der König gebeut,
Daß ich am Kreuz mit dem Leben
Bezahle das frevelnde Streben.
Doch will er mir gönnen drei Tage Zeit,
Bis ich die Schwester dem Gatten gefreit;
So bleib du dem König zum Pfande,
Bis ich komme zu lösen die Bande."

Und schweigend umarmt ihn der treue Freund
Und liefert sich aus dem Tyrannen;
Der andere ziehet von dannen.
Und ehe das dritte Morgenrot scheint,
Hat er schnell mit dem Gatten die Schwester vereint,
Eilt heim mit sorgender Seele,
Damit er die Frist nicht verfehle.

Da gießt unendlicher Regen herab,
Von den Bergen stürzen die Quellen,
Und die Bäche, die Ströme schwellen.
Und er kommt ans Ufer mit wanderndem Stab,
Da reißet die Brücke der Strudel herab,
Und donnernd sprengen die Wogen
Des Gewölbes krachenden Bogen.

Und trostlos irrt er an Ufers Rand:
Wie weit er auch spähet und blicket
Und die Stimme, die rufende, schicket.
Da stößet kein Nachen vom sichern Strand,
Der ihn setze an das gewünschte Land,
Kein Schiffer lenket die Fähre,
Und der wilde Strom wird zum Meere.

Da sinkt er ans Ufer und weint und fleht,
Die Hände zum Zeus erhoben:
„O hemme des Stromes Toben!
Es eilen die Stunden, im Mittag steht
Die Sonne, und wenn sie niedergeht
Und ich kann die Stadt nicht erreichen,
So muß der Freund mir erbleichen."

Doch wachsend erneut sich des Stromes Wut,
Und Welle auf Welle zerrinnet,
Und Stunde an Stunde entrinnet.
Da treibt ihn die Angst, da fasst er sich Mut
Und wirft sich hinein in die brausende Flut
Und teilt mit gewaltigen Armen
Den Strom, und ein Gott hat Erbarmen.

Und gewinnt das Ufer und eilet fort
Und danket dem rettenden Gotte;
Da stürzet die raubende Rotte
Hervor aus des Waldes nächtlichem Ort,
Den Pfad ihm sperrend, und schnaubet Mord
Und hemmet des Wanderers Eile
Mit drohend geschwungener Keule.

„Was wollt ihr?" ruft er vor Schrecken bleich,
„Ich habe nichts als mein Leben,
Das muss ich dem Könige geben!"
Und entreißt die Keule dem nächsten gleich:
„Um des Freundes willen erbarmet euch!"
Und drei mit gewaltigen Streichen
Erlegt er, die andern entweichen.

Und die Sonne versendet glühenden Brand,
Und von der unendlichen Mühe
Ermattet sinken die Kniee.
„O hast du mich gnädig aus Räubershand,
Aus dem Strom mich gerettet ans heilige Land,
Und soll hier verschmachtend verderben,
Und der Freund mir, der liebende, sterben!"

Und horch! da sprudelt es silberhell,
Ganz nahe, wie rieselndes Rauschen,
Und stille hält er, zu lauschen;
Und sieh, aus dem Felsen, geschwätzig, schnell,
Springt murmelnd hervor ein lebendiger Quell,
Und freudig bückt er sich nieder
Und erfrischet die brennenden Glieder.

Und die Sonne blickt durch der Zweige Grün
Und malt auf den glänzenden Matten
Der Bäume gigantische Schatten;
Und zwei Wanderer sieht er die Straße ziehn,
Will eilenden Laufes vorüber fliehn,
Da hört er die Worte sie sagen:
„Jetzt wird er ans Kreuz geschlagen."

Und die Angst beflügelt den eilenden Fuß;
Ihn jagen der Sorge Qualen;
Da schimmern in Abendrots Strahlen
Von ferne die Zinnen von Syrakus,
Und entgegen kommt ihm Philostratus,
Des Hauses redlicher Hüter,
Der erkennet entsetzt den Gebieter:

„Zurück! du rettest den Freund nicht mehr,
So rette das eigene Leben!
Den Tod erleidet er eben.
Von Stunde zu Stunde gewartet' er
Mit hoffender Seele der Wiederkehr,
Ihm konnte den mutigen Glauben
Der Hohn des Tyrannen nicht rauben."

„Und ist es zu spät, und kann ich ihm nicht,
Ein Retter, willkommen erscheinen,
So soll mich der Tod ihm vereinen.
Des rühme der blut'ge Tyrann sich nicht,
Daß der Freund dem Freunde gebrochen die Pflicht,
Er schlachte der Opfer zweie
Und glaube an Liebe und Treue!"

Und die Sonne geht unter, da steht er am Tor,
Und sieht das Kreuz schon erhöhet,
Das die Menge gaffend umstehet;
An dem Seile schon zieht man den Freund empor,
Da zertrennt er gewaltig den dichter Chor:
„Mich, Henker", ruft er, „erwürget!
Da bin ich, für den er gebürget!"

Und Erstaunen ergreifet das Volk umher,
In den Armen liegen sich beide
Und weinen vor Schmerzen und Freude.
Da sieht man kein Augen tränenleer,
Und zum Könige bringt man die Wundermär';
Der fühlt ein menschliches Rühren,
Lässt schnell vor den Thron sie führen,

Und blicket sie lange verwundert an.
Drauf spricht er: „Es ist euch gelungen,
Ihr habt das Herz mir bezwungen;
Und die Treue, sie ist doch kein leerer Wahn –
So nehmet auch mich zum Genossen an:
Ich sei, gewährt mir die Bitte,
In eurem Bunde der dritte!"

Am 27. August 1798 begann Schiller mit der Arbeit an der „Bürg-
schaft" und schloss diese bereits wenige Tage später am 30. August
ab. 1799 wurde sie im Musenalmanach veröffentlicht. Den Stoff
für diese Ballade fand er in einem Fabelbuch, das ihm sein Freund
Goethe zukommen ließ. Schiller legt fast allen seinen Balladen
ein klassisches Ideal zu Grunde, das den inneren Kern seiner Ge-
dichte ausmacht und das er mit allen Handlungen verwebt. Sein
gegebenes Wort zu halten und den Freund zu retten, der an die
freundschaftliche Liebe und Treue glaubt, eine Freundschaft, die
auch kein Hohn des Tyrannen zum Wanken bringt, das ist der
Grundgedanke der „Bürgschaft", der das ganze Gedicht ausfüllt.
Dieser Gedanke gibt der Ballade die innere Spannung und Energie.
Die Freundestreue ist sogar so groß, dass sich Dionys, der Tyrann,

von dieser sittlichen Macht beeindrucken lässt und zukünftig eben-
falls an die unbedingte Liebe und Treue glaubt. Er ist nicht nur ein
fairer „Verlierer", sondern will in den Bund der beiden Freunde
aufgenommen werden. „Ich sei, gewährt mir die Bitte, in eurem
Bunde der dritte!"

So wia bei de „Kraniche des Ibykus", vrlega mr au bei dr Birgschaft
d Handlong zu eis ens Schwobaland. Den wilda Strom, der zom
Meer werra ka, den hammr au vor dr Hausdir, wenn en Riadlenga
wieder amol ällz ibrschwemmt wird ond dr Damon isch bei eis
Maiers Franz, den kennet r jo sicher alle. – Wenn it, noch werred
rn jetzt glei kennalerna.

D Birgschaft

Zom Kenig Karl, dem Menschaschendr
schleicht Maiers Franz, en Dolch em Sack.
„Bei Kenigs wirds doch emmr mendr,
jetzt breng es om, des Lombapack!"
Doch do hot d Katz fei lenks rom gsoicht,
sei Leibwach isch uf Merdr goicht:
„Wa hosch du mit dem Messr wella? –
Des werra mr em Chef vrzella!"

„I han bis heit, des kasch mr glauba,
Herr Kenig, nia oin massakriert,
ond dät zom froga mir erlauba,
bevor me glei dr Muat vrliert:
Du wirsch me jetzt doch it glei henka?
I gib dr des no zom bedenka:
Mei Schwestr z Stuaget wadet schau. –
I sott ra scho uf d Hochzeit gau!

Kenndsch du mi do it ganga lassa,
des kommt doch uf en Dag it a?
Ond sodde den Termin vrbassa,
noch lass dr als Ersatz en Ma,
der mei Vrtraua ganz genieaßt
ond sich fir mi ombrenga lieaßt:
Dr Sepp, des isch mein beschda Freind. –
Noch wära mr em Dod vreint!"

Dr Kenig moint, des sei grad reacht,
drom said r au zom Franz: „Her zua!
Mir gfellt dein Vorschlag gar it schleacht,
ond i han eh grad nix zom dua.
I wett mit dir, du kommsch fei nemme
ond losch dein Kompl en dr Klemme.
Dir kas zwar gleich sei, was e denk:
Mir ischs egal, dr well i henk!

Bloß ois, ihr zwoi, des mondr wissa:
am Sonndigmorga noch em Amt,
hot oin von ui ganz gwies vrschissa:
Zom Henka ischr do vrdammt.
Om zwelfe wird r dann scho hanga,
ond i werr noch zom Essa ganga.
Ob mit em Franz, ob mit em Sepp? –
Oin von ui zwoi isch eh dr Depp!"

Noch mosse schnell zom Sepp nomsprenga,
ond eahn zerscht froga, ob rs duat.
A Gläsle Gsälz werrem glei brenga,
ond mi bedanka fir sein Muat:
„Du Sepp, dr Kenig will me killa,
i wett en Stuaget abr chilla,
woisch, d Else heiret morga doch.
Dätsch du fir mi so lang ens Loch?"

Dia boide gugged sich en d Auga
ond nammed sich ganz fest en Arm:
„Der Handl wird au abbes dauga!?"
Em Herz do denn wirds boide warm.
Noch, uf dr Hochzeit tanzt ond trenkt,
dr Franz, bis r koin Moscht meh zwengt.
Ond fast hett r fei ibrs Essa,
sei Galgafrist dohoe vrgessa!

„Jetzt mosse aber worle gau,
ens Obrland do isches weit.
I hoff jo nemme uf en Stau,
seits sodde guade Stroßa geit!" –
Bis Breamalau do ischs au ganga;
noch sieht r diafe Wolka hanga
dr Dona zua. Ond kuz druff na,
do soichts wa ra ka uf den Ma!

„Etzt sodde abba ondrstanda",
denkt sich dr Franz. Er sieht a Schuir:
"Do kennt me wiedr trocka gwanda.
I mach am beschda glei a Fuir!"
Ond wianr grad s Papier anzendt,
oms Eck en Schatta schnell vrschwendt.
„Was war jetzt des?", denkt sich dr Franz,
ond scho omzenglet en drei ganz.

„I be dr Franz, ond wer send ihr?“,
so froget r dia drei Gestalda.
"I hett em Rucksack no a Bier ..!"
"Halts Maul, du Depp, des Gseff kasch bhalda!
Zom Schwaza Vere ghered mir,
mir wend dei Leaba, it dei Bier!“
Em Franz gohts Zäpfle na, er said:
„I be zom Sterba noid bereit!

Ihr Herra Raibr, mondr wissa,
mei Leaba ghert mir gar it sell.
Dr Kenig wirds eh gau vrmissa,
wenne it bei em be ganz schnell.
Drom duat mrs loid, mi däts grad krenka:
Bloß was oim ghert, ka ma vrschenka!
Goht des en uire Hira nei, –
odr sendr uf dr Hilfsschual gsei?“

„Jo wenn des so sich, noch kaschs bhalda,
dei Leaba, wo dr gar it ghert.
Mir werret eis an andre halta,
ond hoffet, dass di des it stehrt?
Ond sag jo nearmrd wo mr send,
suscht koscht de des doch no dein Grend.
Mir kenned do fei koi Pardo:
mir kepfed au dein Leichnam no!“

Ond wianr us em Stadl gugget,
dr Franz, was s Wettr dussa macht,
en grella Blitz vom Hemml zugget,
ond glei druff na en Donnr kracht.
Dr Dona zua ond dribrt naus,
do sieht des Wettr firchdig aus:
kohlrabaschwaz ond Wettrleichda.
„Etz däd e grad am liabschda beichda!

Liabs Herrgettle vo Biberach,
bleib bei mr ond vrlass me it.
So ischs beigolle doch koi Sach,
drom sag mr liabr, wa da witt.
Des isch no weit nauf bis uf Wanga.
Do sodde bald am Galga hanga.
Doch wia mrs scheint, werre vrsaufa,
des isch doch schier gar zom Vrtlaufa!

No emmr schiddets wia aus Kibl,
ond trotzdem mosse weidrgau.
Des wird erst an dr Dona ibl,
sotts Brickle dribrt nemme stau! –
S nitzt alles nix", denkt sich dr Franz,
„ond isch des Brickle au it ganz,
noch bleibt mr bloß no s Niebrschwemma,
des wird en reachda Schwob au kenna!"

Des soicht war a ka. Bis zu de Knui,
kempft sich dr Franz durch Matsch ond Dreck.
Jetzt isches scho dreiviertl drui,
ond … „Jessesgott, dia Bruck reißts weg!"
Er sieht grad no en Balka schwemma,
sprengt nei ond will sich an en klemma,
vrwischt en au, loht nemme los:
„Do isch dr Galga s kleinre Los!"

Doch ällz goht guat, dr Franz isch greddet,
kommt guat ans andre Ufer nomm.
„I hett koin Pfiffrleng druff gweddet,
du liabr Gott, i werr no fromm!
Jetzt abr schnell uf Wanga nauf,
suscht henget dia dr Sepp no auf.
Vielleicht hand dia mi scho vrgessa?
I hoff dr Käs, der isch noid gessa!"

Dr Franz lauft grad durchs Stadttor nei,
ond will zom Argaufer saua,
noch trifft r oin von seim Verei,
der zuan em said: „Ganz em Vrtraua:
Dr Sepp isch heit it bsondrs druf.
Hau ab, se henked en grad uf!"
„Des glaubsch bloß du, dass i vrtlauf.
Noch nammt des Schicksal hald sein Lauf!

Wenn der Tirann moint, i däb kneifa,
noch deischt r sich, der guade Ma.
I han jetzt Zeit gnua ghet zom reifa,
mi wirft so glei nix us dr Bah.
Noch soll r hald eis boide henka,
ond s Volk wird sich sei Sach scho denka.
Vielleicht kapiert r au am End,
fir was mir wirklich gschdorba send!

Jetzt isches abr Schluss mit bsenna!"
D Kirch isch grad aus ond alles banget,
ob an dr Arga donda oinr,
odr ob do älle boide hanget!
Dr Franz, der druckt sich schnell durch d Massa,
ond wer en kennt, der ka s it fassa:
„Des isch en bleda Siach, en domma,
warom isch der denn jetzt no komma?"

Dr Franz hert nix. Er sprengt drvo
ond fellt mit seinr letschda Kraft
em Kenig grad na vor dr Thro:
„Em Herr sei Dank, i han s no gschafft!
Jetzt kasch me, wenn da witt, au henka,
em Sepp mosch abr s Leaba schenka!" –
Em Kenig hots glatt d Sproch vrschla,
er ka erscht kuz druff na noch sa:

„Mei Wett, dia hanne zwar vrlora.–
I han en Zora ghet uf di!
Han denkt, der kommt mr it ogschora
drvo, den henke auf wia s Vieh!
Doch uf amol do fellt mr ei:
I be jo au koin Engl gsei.
Wär gära so, genau wia ihr.
Jo gugged no, etz bläre schier!

Ond ois, des daffet r mr glauba:
I be ab jetzt fir meine Leit
koin Menschaschendr meh, en dauba,
wias soddige en Haufa geit!
Mir drei: du Franz, dr Sepp ond i,
des wär fir mi wia – Therapie.
Drom nammed mi, des isch mei Bidde,
doch ab sofort en uir Midde!"

Gottfried August Bürger

Gottfried August Bürger wird 1747 in Molmerswende bei Halberstadt im Harz geboren. 1772 schließt er das in Göttingen begonnene Jurastudium ab und wird Amtmann am Gerichtsamt in Altengleichen bei Göttingen. 1789 Ernennung zum Professor für Ästhetik an der Uni Göttingen. Bürger war mehrmals verheiratet, beruflich nicht besonders erfolgreich. Seine literarischen Werke finden in der Breite nicht die erhoffte Aufmerksamkeit seiner Zeitgenossen, außer der 1774 im Göttinger Musenalmanach veröffentlichten Ballade „Lenore", die heute von der Literaturkritik als Markstein zu Beginn des Sturm und Drang bezeichnet wird. 1778 erscheinen seine Gedichte, u.a. das Lied vom braven Mann. 1794 stirbt Bürger in Göttingen. Heute noch populär ist er durch sein Werk „Wunderbare Reise zu Wasser und zu Lande, Feldzüge und lustige Abenteuer des Freiherrn von Münchhausen".

Die Schatzgräber (1786)

Ein Winzer, der am Tode lag,
Rief seine Kinder an und sprach:
„In unserm Weinberg liegt ein Schatz,
Grabt nur danach!" – „An welchem Platz?"
Schrie alles laut den Vater an.
„Grabt nur!" … O weh! da starb der Mann.

Kaum war der Alte beigeschafft,
So grub man nach aus Leibeskraft.
Mit Hacke, Karst und Spaten ward
Der Weinberg um und um gescharrt.
Da war kein Kloß, der ruhig blieb;
Man warf die Erde gar durchs Sieb
Und zog die Harken kreuz und quer
Nach jedem Steinchen hin und her.
Allein, da ward kein Schatz verspürt,
Und jeder hielt sich angeführt.

Doch kaum erschien das nächste Jahr,
So nahm man mit Erstaunen wahr,
Dass jede Rebe dreifach trug.
Da wurden erst die Söhne klug
Und gruben nun jahrein, jahraus
Des Schatzes immer mehr heraus.

Bürger hat die Ballade 1786 geschrieben. Sie besteht durchgängig aus Paarreimen. Das Versmaß, ein vierhebiger Jambus, verleiht der Sprache in dem Gedicht eine heiter beschwingte Note, welche nur auf den ersten Blick mit dem traurigen Ereignis, nämlich dem Ableben des Vaters, kollidiert. Vielmehr soll dadurch der hintergründige Schalk des Vaters seinen Söhnen gegenüber verdeutlicht werden.

Inhaltlich möchte der Vater seine Söhne noch posthum dazu „erziehen", sich tatsächlich um das Erbe, den „Schatz" in Form des Weinberges zu kümmern.

Zwischen den Zeilen kritisiert Bürger mit seiner Ballade aber auch die Geldgier der Söhne, denen der versprochene Schatz am Sterbebett des Vaters wichtiger ist als dieser selbst. Und diesen Gedanken generalisierend darf vermutet werden, dass Bürger damit auch die allgemeine Gier des Menschen anprangert, ohne große Anstrengung zu Profit zu kommen, so nach dem Motto: „Ohne Fleiß kein Preis!"

D Schatzgräbr

En Weibaur, der leit em Sterba
ond seine Kendr weddet erba.
„Mei Geld, des hot a guats Vrsteck –
em Weiberg duss ..“ – „An wellem Eck?“,
wend d Kendr alle sofort wissa,
„Jo grabet hald ..!“ Er fellt ens Kissa
ond stirbt! Isch nemme bei sich sell,
ond seine Buaba handlet schnell:

Kaum isch dr Vaddr ondrm Boda,
moss ma dia Kerle wirklich loba:
Friar send se bloß en d Sonne gschdragget,
jetzt grabet se wia wild ond hagget,
em ganza Weiberg rom. Dia schaffet,
dass ällz em Dorf so richdig gaffet!
Des goht a Weile lang au guat,
noch kriagt dr Eldeschde a Wuat:
„I glaub, do mache jede Wett,
dr Vaddr hot en Vogl ghet!“

Des Johr goht rom, d Steck schlaget aus,
se gugget en dr Weiberg naus.
Dia Kendr kenneds schier it glauba:
an jedem Stock en Haufa Trauba.
Jetzt grabet se am gleicha Platz
en jedem Johr noch Vaddrs Schatz!

Au en dr schwäbischa Version hanne vrsuacht, dia lockr Grond-stimmung, dia mr em Original grad rausgstellt hand, mit zom ibrtraga, wenn sich z.B. dr Eldeschde an dr Kopf langet ond moint, dr Vaddr däb se vräppla. Au dia Ibrtragong bleibt sowohl inhaltlich als au was d Reimform agoht so noh wia meglich am Original.

Heinrich Heine

Heinrich Heine wird 1797 in Düsseldorf als Sohn eines jüdischen Kaufmanns geboren. 1819 Jurastudium in Bonn, das er 1825 mit der Promotion abschließt. Im gleichen Jahr tritt er zum Christentum über. 1823/24 entsteht die Loreley („Ich weiß nicht, was soll es bedeuten..“). Seit 1831 lebt er in Paris und reist nur noch gelegentlich nach Deutschland. In seinem Gedicht „Nachtgedanken“ („Denk ich an Deutschland in der Nacht …“) aus dem Jahr 1843 drückt Heine seine Sehnsucht und Sorge nach der Mutter, der Heimat und im weiteren Sinn auch nach den politischen und gesellschaftlichen Verhältnissen in Deutschland aus. 1856 stirbt er in Paris und ist auf dem Friedhof Montmartre begraben.

Heine konzentriert sich im „Belsazar“ auf den Untergang des Königs und nicht auf den von ganz Babylon. Ihm ist in seiner Ballade das Individuum wichtig, dessen persönliches Schicksal zu einer ganz bestimmten Zeit, an einem bestimmten Ort und nicht das politische Umfeld in dem dieses agiert. – Dies also ganz im Gegensatz zu Uhland, der, wie wir gesehen haben, in „Des Sängers Fluch“ allegorische, also ent–personalisierte Figuren handeln lässt, weil ihn eben nicht das einzelne Schicksal interessiert, sondern das darüber Hinausgehende und Dauerhafte.

Belsazar (1820)

Die Mitternacht zog näher schon;
In stummer Ruh lag Babylon.

Nur oben in des Königs Schloss,
Da flackert's, da lärmt des Königs Tross.

Dort oben in dem Königssaal
Belsazar hielt sein Königsmahl.

Die Knechte saßen in schimmernden Reihn
Und leerten die Becher mit funkelndem Wein.

Es klirrten die Becher, es jauchzten die Knecht;
So klang es dem störrigen Könige recht.

Des Königs Wangen leuchten Glut;
Im Wein erwuchs ihm kecker Mut.

Und blindlings reißt der Mut ihn fort;
Und er lästert die Gottheit mit sündigem Wort.

Und er brüstet sich frech, und lästert wild;
Die Knechtenschar ihm Beifall brüllt.

Der König rief mit stolzem Blick;
Der Diener eilt und kehrt zurück.

Er trug viel gülden Gerät auf dem Haupt;
Das war aus dem Tempel Jehovahs geraubt.

Und der König ergriff mit frevler Hand
Einen heiligen Becher, gefüllt bis am Rand.

Und er leert ihn hastig bis auf den Grund
Und rufet laut mit schäumendem Mund:

"Jehovah! dir künd ich auf ewig Hohn –
Ich bin der König von Babylon!"

Doch kaum das grause Wort verklang,
Dem König ward's heimlich im Busen bang.

Das gellende Lachen verstummte zumal;
Es wurde leichenstill im Saal.

Und sieh! und sieh! an weißer Wand
Da kam's hervor wie Menschenhand;

Und schrieb, und schrieb an weißer Wand
Buchstaben von Feuer, und schrieb und schwand.

Der König stieren Blicks da saß,
Mit schlotternden Knien und totenblass.

Die Knechtenschar saß kalt durchgraut,
Und saß gar still, gab keinen Laut.

Die Magier kamen, doch keiner verstand
Zu deuten die Flammenschrift an der Wand.

Belsazar ward aber in selbiger Nacht
Von seinen Knechten umgebracht.

Dia insgesamt 21 Stropha send paarweis greimte Zwoizeiler mit jeweil vier Hebonga. Bei dr Ibrtragong en d Mundart hanne sowohl d Strophazahl als au de sprachlich Form genau so ibrnomma, so dass sich dr Eidruck beim Leasa it groß vom Original ondrscheidet, – bis eaba ufs s Schwäbisch!

Belsazr

Dia Nacht goht grad uf zwelfe zua;
en Babylo herrscht diafste Ruah.

Bloß dob em Schloss vom großa Kenig,
do hert ma Gschroi, ond des it z wenig.

Belsazr, der wird vierzge heit;
koin Schwob, drom wird r au it gscheit!

Wia d Häsleis drugget d Gäscht do nei:
Heit geits omsonscht a Gläsle Wei.

A jeder stoßt jetzt uffen a,
au wenn ern gar it leida ka.

Belsazr leert oi Glas oms andr,
ond bald send alle zua mitnandr.

Noch fangt r greilig a zom fluacha,
dr Kenig, loht sein Diener suacha.

Den hoißt r, bei de Kronjuwela
dr schenschde Bechr auszomwehla:

„Dr sell, so hanne des befohla,
den hot ma us ra Kircha gschdohla,

weil, abbes Scheenrs geits fei kaum;
fir mi, dr absolute Traum!"

Dr Diener brengt em sellen Becher,
ond wa nr jetzt duat, isch no frecher:

Er fillt en bis zom Rand mit Wei,
ond leert den Becher en sich nei.

"I lass me, Gott, fei it vrdomma,
du kasch mr grad uf d Kirbe komma!"

Kaum hot rn ausgschwätzt den Gedanka,
noch weist en der do dob en d Schranka:

Dr Kenig spiert en sodda Schmerz
em Ranza, – desch sci Herz!

Glei druff erscheinet an dr Wand
Buachstaba wia von Goischdrhand.

Dia brennet sich wia Fuir ei –
ond noch ischs wieder riabig gsei.

Dr Kenig glotzet, s Maul isch offa,
als hett en grad a Schlägle troffa.

„Mir hauts", denkt r, „dr Vogl naus,
i komm go glei ens Irrahaus!"

Ond au en Magier, der beizeita
vrbeikommt, ka dia Schrift it deita.

En dera Nacht no ischs bassiert:
Belsazr hand se massakriert!

Heinrich Heine – Die Grenadiere

Historischer Hintergrund: Das Gedicht handelt von zwei französischen Grenadieren, die bei Napoleons Russlandfeldzug in Gefangenschaft geraten waren. Als sie entlassen werden und über Deutschland nach Frankreich zurückziehen, erfahren sie, dass ihr Kaiser gefangen genommen wurde. Der eine Soldat will daraufhin zurück zu seiner Familie. Der andere möchte nach seinem Tod in Frankreich begraben werden, um wieder aufzuerstehen, wenn der Kaiser ihn zur nächsten Bataille ruft. Mit leicht ironischem Unterton und drastischen Metaphern („Kanonengebrüll", der über die Gräber seiner Soldaten hinwegreitende Kaiser) charakterisiert Heine die dämonische Faszination, die für die „Grande Armée" von ihrem Feldherrn ausging. Obschon die Schrecken des Krieges deutlich werden, besteht der Kulminationspunkt der Ballade darin, dass die gefallenen Soldaten sich immer wieder erheben werden, *„den Kaiser, den Kaiser zu schützen"*, also eine Verherrlichung, ja Vergöttlichung Napoleons!

Die Grenadiere (1820)

Nach Frankreich zogen zwei Grenadier,
Die waren in Rußland gefangen.
Und als sie kamen ins deutsche Quartier,
Sie ließen die Köpfe hangen.

Da hörten sie beide die traurige Mär:
Daß Frankreich verloren gegangen,
Besiegt und zerschlagen das große Heer –
Und der Kaiser, der Kaiser gefangen.

Da weinten zusammen die Grenadier
Wohl ob der kläglichen Kunde.
Der eine sprach: Wie weh wird mir,
Wie brennt meine alte Wunde!

Der andre sprach: Das Lied ist aus,
Auch ich möcht mit dir sterben,
Doch hab ich Weib und Kind zu Haus,
Die ohne mich verderben.

Was schert mich Weib, was schert mich Kind,
Ich trage weit beßres Verlangen;
Laß sie betteln gehn, wenn sie hungrig sind –
Mein Kaiser, mein Kaiser gefangen!

Gewähr mir, Bruder, eine Bitt:
Wenn ich jetzt sterben werde,
So nimm meine Leiche nach Frankreich mit,
Begrab mich in Frankreichs Erde.

Das Ehrenkreuz am roten Band
sollst du aufs Herz mir legen;
Die Flinte gib mir in die Hand,
Und gürt mir um den Degen.

So will ich liegen und horchen still,
Wie eine Schildwach, im Grabe,
Bis einst ich höre Kanonengebrüll
Und wiehernder Rosse Getrabe.

Dann reitet mein Kaiser wohl über mein Grab,
Viel Schwerter klirren und blitzen;
Dann steig ich gewaffnet hervor aus dem Grab,
Den Kaiser, den Kaiser zu schützen.

Der Text inspirierte zahlreiche Komponisten des 19. Jahrhunderts,
u.a. auch Richard Wagner, sich dieses Heine –Textes anzunehmen.
Die berühmteste Vertonung der Ballade stammt von Robert Schu-
mann, ein glühender Verehrer Napoleons. Die ersten Strophen
des Gedichtes komponiert er in Form eines Trauermarsches in
herbem g–Moll. Im nach Dur gewendeten Schlussteil verwendet
er die „Marseillaise", um die Größe des Heerführers und Kaisers
auch musikalisch zu untermalen.

D Hoimkehrer

En d Hoimet zruck wend zwoi Franzosa
vo Russland us dr Gfangaschaft.
Se machet sich zwar schier en d Hosa,
jetzt hand ses aber glei gau gschafft.

Am Stammdisch hert ma d Leit so schwätza,
dr Kaiser häb kaputuliert:
Sei Heer, so däbet selle schätza,
bis uf en Haufa dezimiert.

Des, wo n r ghert hot, hot r bläret
dr oine, Rotz ond Butza fei:
„Wenn meine Wonda do it wäret:
Mei liabr Herr Gesangverei!"

Dr andre said: "Bischt it alloe,
i dät mit dir do hana sterba.
Doch i han Weib ond Kend dohoe, –
des wär en Schock ond zwar en herba!"

„Wa schert mi Weib, wa schert me s Kend!
I han a bessrs Vrlanga.
Lass se bettla gau, wenn se hongrig send,
mein Kaiser, mein Kaiser isch gfanga!

I han, mein Freind, an di a Bitt:
Wenn mi dr Herr heit hollet,
noch namsch mei Leich noch Frankreich mit,
wo dia mi ehra sollet!

Ond s Ehrakreiz am rota Band,
des legsch mr bitte uf mei Herz.
Noch gibsch mr d Flenda no en d Hand
mein guatr Freind, des isch koin Scherz!

Noch gruabe still ond loos do nauf
em diafa kalta Grab.
D Kanona wegget me noch auf
ond von de Ross dr Trab.

Noch reitet mein Kaiser ganz stolz ibr mi,
ibrs Schlachtfeld ond d Schwerter dand blitza.
Ond i steig bewaffnet noch wenn e des sieh,
wieder auf ond werr en beschitza!

Heinrich Heine – Loreley

Heines Ballade von der „Loreley" verdankt ihre allgemeine Verbreitung und Bekanntheit vor allem der Vertonung Friedrich Silchers im Jahre 1837, einer volksliedhaften, eingängigen Melodie, welche man fast mithört, wenn man das Gedicht liest.

Die Geschichte fußt wohl auf einem sagenhaften Ursprung dieses Motivs. So weist die „*Topographia Palatinatus Rheni*" von 1645 bereits auf das tönende Echo dieses Felsens bei St. Goarshausen am Rhein hin, von dem die Schiffer vorbeifahrender Schiffe bezaubert worden sein sollen. Ob Heine auch Brentanos Gedicht „Zu Bacharach am Rheine" kannte, in dem dieser bereits gut zwanzig Jahre zuvor von einer Zauberin namens Lore Ley berichtet, die viel Männer ins Unglück stürzt, ist wahrscheinlich, aber nicht sicher belegt.

Loreley (1824)

Ich weiß nicht was soll es bedeuten,
Daß ich so traurig bin;
Ein Märchen aus alten Zeiten,
Das kommt mir nicht aus dem Sinn.

Die Luft ist kühl und es dunkelt,
Und ruhig fließt der Rhein;
Der Gipfel des Berges funkelt
Im Abendsonnenschein.

Die schönste Jungfrau sitzet
Dort oben wunderbar;
Ihr goldnes Geschmeide blitzet,
Sie kämmt ihr goldenes Haar.

Sie kämmt es mit goldenem Kamme
Und singt ein Lied dabei;
Das hat eine wundersame,
Gewaltige Melodei.

Den Schiffer im kleinen Schiffe
Ergreift es mit wildem Weh;
Er schaut nicht die Felsenriffe,
Er schaut nur hinauf in die Höh.

Ich glaube, die Wellen verschlingen
Am Ende Schiffer und Kahn;
Und das hat mit ihrem Singen
Die Lore-Ley getan.

Heines Loreley wurde für viele zum der Inbegriff der Romantik.
Allerdings deuten nicht wenige Literaturwissenschaftler sein Ge-
dicht eher als eine Parodie auf das romantische Weltbild, das für
ihn nach einer verschmähten Liebe endgültig vorbei zu sein schien.
Durch Silchers völlig ironiefreie Vertonung allerdings wurde diese
Absicht wieder vergessen und sie machte aus der „Loreley" einen
Klassiker des deutschen Liedguts.

Den ironische Hintergrond han i en meiner schwäbischa Ibrtra-
gong sozusaga „kultiviert" ond au sprachlich ond inhaltlich no
bsonders betont.
   Sowohl von dr Reimform (Kreizreim) als au vom Metrum her
halt me ziemlich eng ans Original, so dass au de schwäbisch Version
uf d Melodie vom Silcher gsonga werra kennt. – Probiers oifach
amol aus!

D Loreley

I komm oms Verrecka it druff,
warom i so hendrvier be.
Ihr kenndet jo moina, dr Suff,
der mach me allmählich scho he!

Mi freschtlets grad so a bissle
do honda am Ufer vom Rhei;
dr Gipfel vom Berg griagt a Kissle
vom Obedsonnaschei.

Ma sieht se jo ab ond zua hogga
do doba mit goldene Hoor.
A jeder isch glei von de Sogga; –
wa hot dia Jongfer bloß vor?

Se strählet sich s Hoor ond drneaba
do sengt se a Liadle, – so schee,
dass mancher drfir sogar s Leaba
glatt futwerfa dät fir dui Fee.

So isches dem Schiffer grad ganga,
der donda sei Schiffle so lenkt.
Er hot bloß des oine Vrlanga,
zom loosa, wia dia do dob sengt.

I be mr ganz sicher dia Wella
vrschlenget am End au sei Schiff.
Er wird zwar no gwarnt mit dr Schella …
Aber, –
d Loreley hot se alle em Griff!

Gustav Schwab

Gustav Schwab wird 1792 in Stuttgart als Sohn eines Professors und Geheimen Hofrats geboren, studiert an der Universität Tübingen Philologie, Philosophie und Theologie und schließt sich bald der „Schwäbischen Schule" um Kerner und Uhland an. Nach einigen Jahren Unterrichtstätigkeit als Lateinlehrer wird er 1841 Stadtpfarrer in Stuttgart und wird mit der Aufsicht über die Gymnasien des Landes Württemberg betraut. 1833 - 1838 gibt er mit Chamisso den „Deutschen Musenalmanach" heraus. 1837 erscheint „Das Buch der schönsten Geschichten und Sagen", 1838 veröffentlicht er „Die schönsten Sagen des klassischen Altertums". Schwab war Förderer und Mäzen u.a. von Eduard Mörike und Wilhelm Hauff. 1851 stirbt Schwab in Stuttgart.

Der Reiter und der Bodensee

Zum historischen Hintergrund der Ballade: Als „Seegfrörni" bezeichnet man in der Schweiz das Zufrieren eines Sees. Der ursprünglich aus dem Schweizer Wortschatz stammende Begriff wurde erst 1963 in den Duden aufgenommen. In südlichen Teilen Deutschlands und im westlichen Österreich sagt man Seegfrörne. Seit der ersten urkundlichen Erwähnung im Jahr 875 war der Bodensee insgesamt 37 mal zugefroren, zuletzt im Winter 1962/63. Überliefert ist, dass am 5. Januar 1573 der Elsässer Postvogt Andreas Egglisperger mit seinem Ross den zugefrorenen Bodensee nach Überlingen überquerte. Als sprichwörtlichen „Ritt über den Bodensee" wird auch eine verwegene Tat bezeichnet, bei der dem Akteur erst im Nachhinein bewusst wird, wie riskant das Unterfangen war.

Der Reiter und der Bodensee (1826)

Der Reiter reitet durchs helle Tal,
Aufs Schneefeld schimmert der Sonne Strahl.

Er trabet im Schweiß durch den kalten Schnee,
Er will noch heut an den Bodensee.

Noch heut mit dem Pferd in den sicheren Kahn,
Will drüben landen vor Nacht noch an.

Auf schlimmem Weg, über Dorn und Stein,
Er braust auf rüstigem Ross feldein.

Aus den Bergen heraus, ins ebene Land,
Da sieht er den Schnee sich dehnen wie Sand.

Weit hinter ihm schwinden Dorf und Stadt,
Der Weg wird eben, die Bahn wird glatt.

In weiter Fläche kein Bühl, kein Haus,
Die Bäume gingen, die Felsen aus.

So fliegt er hin eine Meil und zwei,
Er hört in den Lüften der Schneegans Schrei.

Es flattert das Wasserhuhn empor,
Nicht anderen Laut vernimmt sein Ohr.

Kein Wandersmann sein Auge schaut,
Der ihm den rechten Weg vertraut.

Fort gehts, wie auf Samt, auf dem weichen Schnee,
Wann rauscht das Wasser, wann glänzt der See?

Da bricht der Abend, der frühe herein,
Von Lichtern blinket ein ferner Schein.

Es hebt aus dem Nebel sich Baum an Baum,
Und Hügel schließen den weiten Raum.

Er spürt auf dem Boden Stein und Dorn,
Dem Rosse gibt er den scharfen Sporn.

Und Hunde bellen empor am Pferd,
Und es winkt ihm im Dorf der warme Herd.

"Willkommen am Fenster Mägdelein,
An den See, an den See, wie weit mag es sein?"

Die Maid, sie staunet den Reiter an:
"Der See liegt hinter dir und der Kahn.

Und deckt' ihn die Rinde von Eis nicht zu,
ich spräch aus dem Nachen stiegest du".

Der Fremde schaudert, er atmet schwer:
"Dort hinten die Ebne, die ritt ich her!"

Da recket die Maid die Arm in die Höh:
"Herr Gott, so rittest du über den See!

An den Schlund, an die Tiefe bodenlos,
Hat gepocht des rasenden Hufes Stoß!

Und unter dir zürnten die Wasser nicht?
Nicht krachte hinunter die Rinde dicht?

Und du wardst nicht die Speise der stummen Brut?
Der hungrigen Hecht' in der kalten Flut?"

Sie rufet das Dorf herbei zu der Mär,
Es stellen die Knaben sich um ihn her.

Die Mütter, die Greise, sie sammeln sich:
"Glückseliger Mann, ja segne du dich!

Herein zum Ofen, zum dampfenden Tisch,
Brich mit uns das Brot und iss vom Fisch!"

Der Reiter erstarrte auf seinem Pferd,
Er hat nur das erste Wort gehört.

Es stocket sein Herz, es sträubt sich sein Haar,
Dicht hinter ihm grinst noch die grause Gefahr.

Es siehet sein Blick nur den gräßlichen Schlund,
Sein Geist versinkt in den schwarzen Grund.

Im Ohr ihm donnerts wie krachend Eis,
wie die Well umrieselt ihn kalter Schweiß.

Da seufzt er, da sinkt er vom Ross herab,
Da ward ihm am Ufer ein trocken Grab.

Peter Handke veröffentlicht 1971 ein Stück mit dem Titel: „Der Ritt über den Bodensee", in dem es um die Entlarvung von herkömmlichen Sprach-, Denk- und Handlungsmustern geht. Für Handke ist auch die Sprache eine dünne Eisdecke, die uns nur trägt, solange wir sie für festen Boden halten, denn nach seiner Interpretation tötet ja in der Ballade nicht die tatsächliche Gefahr den Reiter, sondern die im nachfolgenden Gespräch vermittelte sprachliche Wirklichkeit. Sprache kann (auch) töten!

Des wella mr jetzt aber bei dr schwäbischa Version it hoffa:

Dr Reitr ond dr Bodasee

En Reiter reitet durchs Schussatal;
es schneiet stark, des ischt egal.

Sein Gaul, der kempft sich dur dr Schnee,
er moss heit no an Bodasee,

mecht mit em Ross no nom en d Schweiz:
„Des schaffe au, wa soll der Geiz?"

En Eriskirch kennt r en Ma
der se do nom vrschiffa ka.

Er isch grad hentr Oberzell,
do ziahts so kalt, dass r sei Fell

ganz eng om Kopf ond Ranza bendet,
ond dass dr Schnee it gar so blendet.

Er loht em Max, so hoißt sein Gaul,
ganz locker d Ziegl denn em Maul.

Der suacht sich so sein Weag alloe,
er mecht jo au bald wieder hoe!

Doch jetzt geits zerst mol nix as Schnee,
wia s aussieht schneiets bis an See. –

So reitet r scho vier, feif Stonda:
koi Dorf, koi Stadt, ällz isch vrschwonda

en so ma weißa, triaba Schleier.
Bloß ab ond zua mol a paar Reiher,

dia grad so, scheints, au d Sonna missed,
bled romdappet ond it reacht wissed,

bei Gott, wo vorna isch ond henda. –
Wia soll ma do bloß abbes fenda?

I dät jo glatt, so denkt dr Reiter,
oin froga: „He, wo gohts do weiter?

Mir wend noch Eriskirch, bittschee."
Doch do isch koinr! Nix as Schnee.

Von oba kommt zwar koin mehr ra:
Koi Pest meh, bloß no Cholera! –

Au s Wasser messt so langsam komma,
mir hand dr reachte Weag doch gnomma

ond messdet au bald donda sei.
Allmählich bricht jo d Nacht scho rei!

Noch klarets auf, ma sieht jetzt meh:
dr Mond scheint uf dr weiße Schnee.

Topfeba isches, schee zom reita:
„S goht nemme lang, mir send beizeita

am Ufer donda bei dr Fähre",
so said r laut zu seiner Mähre.

Er reitet nomml so a Stond,
noch, ganz weit fut, bellet en Hond:

„Des mosses sei, do send au Leit",
so denkt r, „jetzt ischs nemme weit!"

Noch sieht r, bloß als Schatta zwar:
„Desch glaub en Baum", noch glei a paar.

Ond noch kommt ussem Neabel raus,
wias aussieht, scho a Baurahaus!

Dr Max ond er send fast vrfrora,
drom geit r dem jetzt nomml d Spora,

mirkt kaum am Boda greßre Stoe:
„Mir send zwar, Max, noid ganz dohoe,

a warme Stuba wirds wohl gea,
ond dir en Stall, des wär jo schea!"

Ma hot se ghert, dia zwoi em Haus,
ond d Beira kommt au grad scho raus.

149

„Mir hand eis, guate Frau, vrloffa,
koi Menschaseel do henda troffa.

An See wille zom Ibrsetza!" –
Dia glotzt en a, said mit Entsetza:

„Dr See, der liegt scho hentr eich!"
Dia Frau wird bloich, grad wia a Leich:

"Do guck, dia Fähre, dia isch gfora.
Hosch du, i glaubs it, wirklich d Spora,

deim Gaul us dera Richdong gea? –
Noch send r uffem Wasser gwea!"

Dr Fremde schnaufet schwer ond laut,
bevor r sich zom saga traut:

„Von dera Ebne komme gritta .. ,
han wella om a Lager bitta …"

Jetzt reißt des Weib bloß d Ärm en d Heh:
„Du kommsch fei gradweags ibern See! –

Ond du hosch, ehrlich, gar it gmirkt,
dass sich do drontr s Wasser birgt? –

Hosch au it ghert, wia hohl des duat,
ond wia da schier dr stomma Bruat

vom Hecht ond von de andre Fisch
mit Gottes Hilf entkomma bisch?"

Se loht dr Reiter gschwend so hocka
ond leitet mit dr Fuirglocka

em Käppale d Leit her an See,
dia kommet alle trotz em Schnee.

Der Haufa macht om Ma ond Gaul
en Krois, spirrt d Auga auf ond s Maul:

„Komm rei en d Stuba, sitz an Disch,
bei eis geits heit en guada Fisch!

Etz gwirmsch de erst mol richdig auf,
noch holla mir a Fläschle rauf

ond du …" – „Mir isches it so reacht,
wia solle sa, a bissle schleacht!

Dr Max …" – „… hot scho dr Sattel honda,
en Stall nei hammern vorerst bonda …"

Dr Reiter mecht sich grad bedanka,
doch kriagt r it so reacht dr Ranka:

Eahm stocket s Herz ond straibt sich s Hoor.
Er stellt sich emmr wieder vor,

wia er uf dera denna Schicht
em See dussa ens Eis eibricht.

Sieht sich em schwaza Grond vrsenka
ond noch, noch kann r nix meh denka …

Er fellt vom Stuahl, isch leichablass; –
sei Grab isch wenigstens it nass!

Eine weitere Version dieser Ballade: Peter Lenk hat am Landungssteg in Überlingen im Jahre 2000 ein Denkmal enthüllt, das damals und bis heute sehr unterschiedlich beurteilt wird. Er hat Martin Walser griesgrämig als "Bodenseereiter" auf einem müden Gaul sitzend dargestellt samt Schlittschuhen an den Füßen, – „damit er nicht ausrutscht auf dem Glatteis der deutschen Geschichte". Lenk spielt damit auf eine Rede Walsers am 11. November 1998 in der Frankfurter Paulskirche an, wo er den Friedenspreis des Deutschen Buchhandels erhielt. In seiner Dankesrede kritisierte er, dass man den Deutschen ihre nationalsozialistische Vergangenheit immer vorhielt. Das helfe auf Dauer nicht, um diese grausame Zeit in kritischer Erinnerung zu behalten, sondern animiere die Menschen zum Wegschauen. Dadurch bestünde die Gefahr, dass Auschwitz zur simplen „Moralkeule" verkomme und seine tatsächliche Bedeutung verliere. Walser spricht in diesem Zusammenhang auch von der „Monumentalisierung der Schande". Er hat zwar später bedauert, dass er sich so geäußert hat, aber da stand das Denkmal in Überlingen schon!

I han me von dr Skulptur vom Lenk en Ibrlenga arega lau, so-
zusaga a „literarische Skulptur" von dem Gedicht zom schreiba
ond han au dr Grundgedanka vom Handke seim Theaterstuck
mit ibrnomma:

Dr Bodaseereiter –

a literarische Skulptur
noch em Peter Lenk ond em Peter Handke

En Ma will schnell von A noch B, – aber:
drzwischa leit dr Bodasee!
Er hot, wia s aussieht, scheinbar Glick,
no nia war s Eis so fest ond dick.
Doch des woiß weder Ross, no Reiter,
drom goht des Gschichtle au scho weiter:

Er reitet durch des weite Weiß,
doch ontr eahm isch s blanke Eis,
vrdeckt vom Schnee! – Aber: Wa ma it woiß,
macht oin bekanntlich au it hoiß!
Noch nachdets, – still! – A Gloggaleita.
En selle Richdong moss r reita!

Des duat r au, kuahranzanacht
isch s uf amol. Doch koin Vrdacht,
er häb sich irgendwia vrloffa, –
koi Menschaseel bis doher troffa.
Uf oimol gugget au dr Mond
scho wieder virre, hell ond rond.

Noch schwätzt en zmol a Mädle a,
weil dia des schier it fassa ka,
wa se do sieht: „Kommsch du vom See?"
„Isch do it A?" – „Noi, do isch B!"
Z erst stoht dr Gaul, ond noch stoht s Herz, –
vom Reiter, der fliagt bodawärts.

Noch isches aus mit sellem Reiter,
ond s Mädle, dia woiß nemme weiter:
„I gang doch au von A noch B
em Leaba, hee, des duat fei weh:
Wenn s B zerscht kommt, no vor em A,
noch bisch vom Schicksal aber gschla!"

Wa lerna mir vo sellem Ma?
So viel: au du kommsch amol dra!
Ob des bei A isch oder B,
em Bett oder am Bodasee:
A jeder fellt amol vom Gaul, –
drom halte jetzt mei Läschdrmaul!

Gustav Schwab – Das Gewitter

„Das Gewitter" entsteht in der Epoche des Biedermeier, so die
Zeit etwa von 1815 bis zur Revolution von 1848, für welche die
Gefühlsbetontheit und die Einbettung des Geschehens in einen
„biederen", kleinbürgerlichen Rahmen kennzeichnend ist. Aktu-
eller Anlass für Schwabs Gedicht war ein schweres Gewitter am
30. Juni 1828 in Tuttlingen, bei dem in einem von armen Leuten
bewohnten Haus durch einen Blitzschlag vier Personen ums Leben
kamen: Urgroßmutter, Großmutter, Mutter und Kind.

Das Gewitter (1828)

Urahne, Großmutter, Mutter und Kind
In dumpfer Stube beisammen sind;
Es spielet das Kind, die Mutter sich schmückt,
Großmutter spinnet, Urahne gebückt
Sitzt hinter dem Ofen im Pfühl –
Wie wehen die Lüfte so schwül!

Das Kind spricht: "Morgen ist's Feiertag,
Wie will ich spielen im grünen Hag,
Wie will ich springen durch Thal und Höh'n,
Wie will ich pflücken viel Blumen schön;
Dem Anger, dem bin ich hold!"
Hört ihr's, wie der Donner grollt?

Die Mutter spricht: Morgen ist's Feiertag,
Da halten wir alle fröhlich Gelag,
Ich selber ich rüste mein Feierkleid;
Das Leben es hat auch Lust nach Leid,
Dann scheint die Sonne wie Gold!" –
Hört ihr's, wie der Donner grollt?

Großmutter spricht: "Morgen ist's Feiertag,
Großmutter hat keinen Feiertag,
Sie kochet das Mahl, sie spinnet das Kleid,
Das Leben ist Sorg' und viel Arbeit;
Wohl dem, der that, was er sollt'!" –
Hört ihr's, wie der Donner grollt?

Urahne spricht.– Morgen ist's Feiertag,
Am liebsten morgen ich sterben mag:
Ich kann nicht singen und scherzen mehr,
Ich kann nicht sorgen und schaffen schwer,
Was thu' ich noch auf der Welt?" –
Seht ihr, wie der Blitz dort f'ällt?

Sie hören's nicht, sie sehen's nicht,
Es flammet die Stube wie lauter Licht:
Urahne, Großmutter, Mutter und Kind
Vom Strahl miteinander getroffen sind,
Vier Leben endet ein Schlag –
Und morgen ist's Feiertag.

Schwab schildert den Alltag einer armen Familie aus den unteren Schichten, die in den bescheidensten Verhältnissen lebt. Die Gefühle des Lesers werden angesprochen, das unmotivierte Sterben, vor allem auch das des Kindes, übt eine starke Wirkung aus. Über der Ballade liegt eine insgesamt bedrückende Stimmung: der Mensch ist einem blind wütenden Schicksal ausgeliefert, das im Lauf der Handlung zunehmend auf seine Vernichtung hinarbeitet. Der unschuldige Tod aller, gerade an einem Feiertag, also einem Tag, den sie zu Ehren Gottes begehen wollen, macht den Leser betroffen. Der Tod in einem solchen Moment führt zu der Frage des „Warum?", lässt im Leser oder Zuhörer Zweifel daran aufkommen, dass dieser Welt ein ordnendes Prinzip zugrunde liegt.

Dr Schwab hebt en seiner Ballade bewusst druff ab, dass dia Familie völlig überraschend ond vor allem oschuldig omkommt ond schickt quasi a Fragezoicha, a „Warom?" en dr Hemml.
I han en meinra Version bewusst en ganz andra, en gegadoiliga Schwerpunkt gsetzt:

Dr Weltondrgang

D Uroma, d Oma, d Moddr ond s Kend, –
desch selta, dass alle amol zamma send.
S Kend mit em Game Boy, d Moddr guckt fern,
d Oma zur Nana: „Wa heddesch denn gern?"
„I han fei so gnua, mecht gar nemme sei".
„Wa schwätscht denn do raus? – Guck do, trenk dein Wei!"

„Mein Game Boy isch alt, i will en Computer",
ond do drzua brauche en richdiga Router.
Noch ka me mit alle, woisch, online vrbenda,
ond wenne des will au nuie Freind fenda.
Wia fendesch des, Mama?"– „A guade Idee,
noch bisch it alloe, jo, – des isch doch schee!"

„Jetzt woiß e grad nemme, was hanne denn wella? –
Ah so, a paar Blusa bei Amazon bschdella!
I han amol vier vrschiedene gnomma
ond oine wird au en Frog fir me komma.
Dr Rest goht retour, des koscht me jo nix,
also s Eikaufa, fend e, goht heitzudag fix!"

„Wa solle denn kocha?", mecht d Oma no wissa.
„Aber nemme des Kraut vom Bofrost, desch gschissa!"
„Noch holl doch dia Spätzla mit Soß us dr Trua,
dia send bei em guat, des ma au dr Bua!"
„Ond wa geits fir d Nana? – „Han koin Appetit,
i trenk hald a Gläsle do, – vom Aquavit.

Oh, wenne no sterba kennt, des isch a Welt,
i komm nemme mit, s goht bloß no oms Geld.
Was isch aus eis worra, so frog i mi oft,
bis jetzt hanne jeden Dag emmer no ghofft. –

—

I mach jetzt do hana mol oifach en Schnitt
ond du denksch dr s Ende aus grad wia da witt!?

Dr Weltondrgang: – Wia sieht der wohl aus? –
Dia goht it so onder, mit Ma ond mit Maus!
Fir mi isch des dr Afang vom End,
wia grad selle drei, (oder mir alle?), hald send:
Vrschwenderisch, faul, drzua na z bequem,
om alles zom endra. – Des ischs Problem!

Also zunächscht mol send meine schwäbische Landsleit en dera Gschicht noid omkomma, se leabet no ond insofern bestoht emmr no Hoffnong, dass se ibrleaba kenndet. Aber bloß dann, wenn se it weiter schuldig werret an dera Katastroph, dia sich deutlich abzoichnet. – Ond des isch dr zwoite Ondrschied zom Original: Dia send, bzw. mir machet eis schuldig an dr Schöpfong, hands abr en dr Hand, s Ruder doch no romzomreißa! Wia hoißts beim Brecht em Epilog vom „Guada Mensch von Sezuan"?

„Wir stehen selbst enttäuscht und sehn betroffen
Den Vorhang zu und alle Fragen offen. [...]
Soll es ein andrer Mensch sein? Oder eine andere Welt?
Vielleicht nur andere Götter? Oder keine? [...]
Verehrtes Publikum, los, such dir selbst den Schluss!
Es muss ein guter da sein, muss, muss, muss!

Gustav Schwab – Der Schwarze Veri

Historischer Hintergrund: Franz Xaver Hohenleiter (genannt: Der Schwarze Veri, oder schwäbisch: Dr Schwaz Vere, geb. 1788 Rommelsried im heutigen schwäbischen Landkreis Augsburg; gest. am 20.7.1819 in Biberach a. d. Riß) war Anführer einer Räuberbande im Dreiländereck von Österreich, der Schweiz und Deutschland (Bayern, Baden, Hohenzollern-Sigmaringen und Württemberg). Reichsgraf Franz Ludwig Schenk von Castell, genannt Malefizschenk, stellte sich die Aufgabe, dem Räuberunwesen im Allgemeinen und der Bande des Xaver Hohenleiter im Besonderen das Handwerk zu legen.

Die Überlieferung besagt, dass Hohenleiter am 20. Juli 1819 im Ehinger Turm, dem „Siechenturm", in Biberach starb, als ein Blitz in den Turm einschlug und durch die Ketten weitergeleitet wurde. Eine zwei Jahre dauernde Karriere als Räuberhauptmann hatte ein Ende gefunden.

Die Geschichten um den Schwarzen Veri wirken in Oberschwaben bis heute nach. So verewigte Gustav Schwab, damals ein bekannter schwäbischer Poet, Veris Tod in seinem Gedicht, das von den Schülern in der Schule auswendig gelernt werden musste.

Der Schwarze Veri (1851)

Anklopft das Wetter unter Sturm
Zu Biberach am Sünderthurm.
Die Wölbung bebt vom Widerhall,
Die Eisenstäbe zittern all.

Es blitzt so hell, es kracht so schnell:
Da liegt auf Stroh kein Diebsgesell,
Dem in der schwarzen Feuernacht
Nicht das Gewissen lodernd wacht.

Ein jeder Blitz weckt eine Tück',
Ein jeder Knall ein Bubenstück.
Sie werfen auf die Kniee sich,
Und flehn und weinen bitterlich.

Ein Mörder nur ohn' all's Gebet
In Ketten angeschmiedet steht,
Ein eisern Band den Leib umflicht,
Er kann nicht knie'n, er thät's auch nicht.

Er rasselt an der Wand vor Wut,
Wie wohl ein Wolf im Käfig thut;
Er flüstert: »Bald bin ich befreit!
Blitz Element, jetzt ist es Zeit!«

Aus einer Falte seiner Haut
Schlüpft eine Feil', eh's Einer schaut.
»Jetzt feil' ich in der dunkeln Nacht,
Ich feile, weil das Wetter kracht!

Ihr Narren, betet nur und heult
Derweil mein Ring wird durchgefeilt!
Eu'r Winseln bittet euch nicht los,
Doch ich, bald wandl' ich kettenbloß.

Dem Richter, dem Gesetz zu Spott!
Noch einen Strich – dann Trotz dir, Gott!
Ja wettre nur, ich feil', ich feil'!« –
Da fliegt der Blitz, der Flammenpfeil.

Da feilt der Strahl den Ring durchein,
Er feilt bis in das Herz hinein,
Der Mörder krümmt sich wie ein Wurm,
Der Donner schüttelt an dem Thurm.

Die Andern hat verschont der Schlag,
Und nur als schwarze Schlacke lag,
Mit Ketten und mit Eisenband
Verschmolzen, einer an der Wand.

Dr Schwaze Vere

A donkls Wettr zieaht mit Sturm
noch Bibrach rei. Am Siechaturm
fangts morgens firchdig a zom gwittra,
brengt d Eisastäb vom Turm zom zittra.

Em Gfengnis lieget se an Ketta
ond schreiet rom, ma soll se retta, –
dia Saukerle! Jetzt wend se doch
no leabig raus us sellem Loch.

Bei jedem Blitz, do fellt ne ei:
„Mir send gwies schlemme Siacha gsei.
Doch jetzt bereua mr, bei Gott,
dass ma koim Mensch was adoa sott!"

So johmred se us alle Ecka.
Bloß oinr gnuiled oms Verrecka
it uf dr Boda ond bereit,
was er ne adau hot, de Leit.

Der rasslet so vor lautr Wuat,
wias bloß en Wolf em Kefig duat
mit seine Ketta: „I be bald
scho wiedr frei ond duss em Wald!"

Weil der dr Mendschde isch von älle,
drom hot ma den uf alle Fälle,
do an ra Wand, det amma Glendr,
fest agschmiedet mit Eisebendr.

Zmol hollet r, woher woiß koinr,
a Feila aus de Hosaboinr:
„Beddet ihr no, i werr jetzt feila
solangs so kracht ond mi beeila!

Fir mi, do geits koin Gott ond Richter,
guck na, do dussa do wirds lichter!
No zwoi, drei Strich … ond dann en Blitz!
Daghell ischs – ond a Hellahitz!

En Fuirstrahl fehrt durch dia Ketta, –
dr Vere dra ka nearmrd retta:
Er beimt sich auf, schreit wia verruckt,
bevor r en sich zammazuckt.

Noch isches aus. Bloß schwaze Schlagga
dia sieht ma do am Boda schdragga,
vrschmolza mit em Eiseband. –
Bloß eahn hots troffa an dr Wand!

Schluss:
Warom hots bloß dr Vere troffa?
I woiß es it, doch ma ka hoffa,
de andre Kerle hand bereit
ond bettet, dass ma ne verzeiht!

Theodor Fontane

Theodor Fontane, 1819 in Neuruppin geboren, entstammt einer Hugenottenfamilie. Er wird wie sein Vater zunächst Apotheker, geht dann aber 1855 für vier Jahre als Korrespondent nach London. 1860 tritt er in die Redaktion der Berliner Kreuzzeitung ein. Ab 1870 schreibt er bis zu seinem Tod 1898 Theaterkritiken für die Zeitung. Populär wird er nebenher durch seine Balladen. Es erscheinen die „Wanderungen durch die Mark Brandenburg" und ab 1887 veröffentlicht Fontane seine großen Romane wie „Irrungen, Wirrungen", 1892 „Frau Jenny Treibel", 1894 „Effi Briest" und sein letzter Roman „Der Stechlin" 1897.

"Die Brück' am Tay" ist die literarische Interpretation des tatsächlichen Brückeneinsturzes der Firth-of-Tay-Brücke in Schottland am 28. Dezember 1879.

Die Brücke mit einer Länge von über 3 Kilometern war erst in den Jahren 1871-1878 gebaut worden und galt als Meisterwerk moderner Ingenieurskunst. Als der Schnellzug aus Edinburgh um 19:17 Uhr den Mittelteil der Brücke passiert, bricht diese unter der Windlast des Orkans und unter dem Gewicht des Zuges auf einer Länge von einem Kilometer zusammen. Der Zug stürzt in den Fluss und reißt 75 Menschen mit in den Tod. Fontane nimmt diese Katastrophe zum Anlass, die Technikgläubigkeit der damaligen Zeit zu hinterfragen. Mit dem Motiv der *drei Hexen* aus Shakespeares Macbeth verleiht er den Naturgewalten eine Sprache, wenn er sie rufen lässt: "Tand, Tand, ist das Gebilde aus Menschenhand."

Die Brück' am Tay (1879)

When shall we three meet again (Shakespeare: Macbeth)

"Wann treffen wir drei wieder zusamm'?"
"Um die siebente Stund', am Brückendamm."
"Am Mittelpfeiler."
"Ich lösch die Flamm'."
"Ich mit."

"Ich komme vom Norden her."
"Und ich vom Süden."
"Und ich vom Meer."

"Hei, das gibt ein Ringelreihn,
Und die Brücke muss in den Grund hinein."

"Und der Zug, der in die Brücke tritt
Um die siebente Stund'?"
"Ei, der muss mit."
"Muss mit."

"Tand, Tand
Ist das Gebild von Menschenhand.";

Auf der Norderseite, das Brückenhaus –
Alle Fenster sehen nach Süden aus,
Und die Brücknersleut', ohne Rast und Ruh
Und in Bangen sehen nach Süden zu,
Sehen und warten, ob nicht ein Licht
Übers Wasser hin "ich komme" spricht,
"Ich komme, trotz Nacht und Sturmesflug,
Ich, der Edinburger Zug".

Und der Brückner jetzt: "Ich seh einen Schein
Am andern Ufer. Das muss er sein.
Nun, Mutter, weg mit dem bangen Traum,
Unser Johnie kommt und will seinen Baum,
Und was noch am Baume von Lichtern ist,
Zünd alles an wie zum heiligen Christ,
Der will heuer zweimal mit uns sein, –
Und in elf Minuten ist er herein.";

Und es war der Zug. Am Süderturm
Keucht er vorbei jetzt gegen den Sturm,
Und Johnie spricht: "Die Brücke noch!
Aber was tut es, wir zwingen es doch.
Ein fester Kessel, ein doppelter Dampf,
Die bleiben Sieger in solchem Kampf,
Und wie's auch rast und ringt und rennt,
Wir kriegen es unter: das Element.

Und unser Stolz ist unsre Brück';
Ich lache, denk ich an früher zurück,
An all den Jammer und all die Not
Mit dem elend alten Schifferboot;
Wie manche liebe Christfestnacht
Hab ich im Fährhaus zugebracht
Und sah unsrer Fenster lichten Schein
Und zählte und konnte nicht drüben sein.";

Auf der Norderseite, das Brückenhaus –
Alle Fenster sehen nach Süden aus,
Und die Brücknersleut' ohne Rast und Ruh
Und in Bangen sehen nach Süden zu;
Denn wütender wurde der Winde Spiel,
Und jetzt, als ob Feuer vom Himmel fiel,
Erglüht es in niederschießender Pracht
Überm Wasser unten ... Und wieder ist Nacht.

"Wann treffen wir drei wieder zusamm'?";
"Um Mitternacht, am Bergeskamm.";
"Auf dem hohen Moor, am Erlenstamm.";
"Ich komme.";
"Ich mit.";
"Ich nenn euch die Zahl.";
"Und ich die Namen.";
"Und ich die Qual.";
"Hei!
Wie Splitter brach das Gebälk entzwei."
"Tand, Tand
Ist das Gebilde von Menschenhand".

Wie alle Balladen beinhaltet auch „Die Brück'am Tay" die typischen Merkmale der drei literarischen Gattungen: Gestaltungsmerkmale von Lyrik, Epik und Dramatik sind vorhanden, wobei hier die direkte Rede mit mehr als zwei Dritteln, also die dramatische Komponente, eindeutig dominiert, was natürlich der furchtbaren historischen Katastrophe geschuldet ist. Das Besondere an der Ballade ist, dass das vordergründige Geschehen, eben diese Katastrophe, in einen unmittelbaren Zusammenhang mit den individuellen Schicksalen der betroffenen Menschen gebracht wird. Das eigentliche Unglück wird aus der Sicht des Brückenwärterpaares und ihrem Sohn Johnie, dem Lokführer, geschildert. Johnie symbolisiert den unerschütterlichen Glauben in die Technik: „Die Brücke noch! Aber was tut es, wir zwingen es doch!" Die Eltern hingegen müssen hilflos zusehen, wie ihr Sohn mit dem Zug in die Fluten stürzt. Am Ende des Gedichtes kommen wieder die *drei Hexen* zu Wort, die zufrieden ihr Werk betrachten und sich zur nächsten Untat verabreden.

Ond dia betrifft noch it bloß a Bruck, sondern de ganz Welt, wenn dr Mensch so weitermacht wia bisher. – Zumindescht isch des dr zentrale Gedanke en meinra Ibrtragong. Desweaga hanne au konsequenterweise en andra Titel gwählt:

Klimawandl

„Wenn treffet mir drei wieder zamma?"
„I … dät se it sofort vrdamma!"
„Des said au nearmerd, … hondert Johr?
Wenn s noch it baddet, schlage vor,
noch goht se na mit Ma ond Maus."
„Dia stoht doch heit scho vor em Aus!"
„Se messed s jetzt uf d Roiha griaga,
sich nemme bloß en d Däscha liaga!"
„Des dand se aber! … I mecht wedda,
dia werret den Planet it redda!"
„En dem Fall bene au drfir:
Mir gend en auf! – Obwohl es schier
it anseah ka wia d Leit vrbledet
ond ällz uf dera Welt vredet!"
„Noch lammr s vorerst mol so stau,
bis se dr Gada nagoht gau!"
„I komm ganz gwies zom Leichaschmaus
ond bloß de letzte Liachtla aus!"
„Ond alles was a Menschahand
je gschaffa hot, – des wird zu Sand!"

Dr Herrgott schenkt mr dia schee Welt,
spannt ibr mi sei Hemmelszelt
ond said, naiv, so wia n r ischt:
„Weil du dr Chef dr Schöpfong bischt,
dasch du des alles fir di nutza." –
Noch komme uf amol ens Stutza:
Du hosch mr se, dia Welt, zwar gschenkt,
ganz sicher it em Traum dra denkt,
i kennt se zletscht gau no vrhonza?
Mir sott ma echt ens Hirn neibronza:
Genau des hanne nemlich gmacht,
i han se demoliert, dei Pracht!
Jetzt sag dr i, wia s komma isch
ond hoff, dass da it sauer bisch?

Mit achtzehne dr Fihrerschei:
noch mosses glei en Käafer sei,
statt Fahrrad! – S isch hald saubequem,
bloß neisitza, ond außerdem
han i noch Johr fir Johr so Glischda,
ond gmoint, i breicht ä nuie Kischda.
Ma mecht jo Nochbrs schliaßlich zoiga,
wa ma so hot, – do isch ma oiga!
Heit namme eisrn Äsjuwie
ond fahr em Allgai denna Schi, –
wenns sei moss au fir zwoi, drei Stond.
I woiß, i be en bleeda Hond!

I ka mr scheene Urlaub leischda
ond fliag, des ruit me no am meischda,
weags oinr Woch noch Swasiland.
Des isch, i woiß, bei Gott a Schand,
ond schleacht fir d CO_2-Bilanz;
do beißt sich Hond ond Katz en Schwanz!

Ma sott au meh ufs Essa achda,
dia Dierla om oin rom it schlachda, –
sich oifach fraia, dass ses geit.
I woiß, bis do na isch s no weit!
Au Massatierhaldong isch fies,
brengt bloß bestimmte Leit viel Kies:
Wenns nemlich z viel so Viecher gibt,
noch ka des sei, dass s Klima kibbt,
weil dia mit ihrer Fuzerei
so Gas entwicklet, – CO_3?
Uf jeden Fall koi H_2O,
do bene sicher, hondert pro!

Ond wemmr scho beim Beichda send,
noch mosse e des no saga gschwend:
Zeahdaused Sacha hot em Schnitt
a jeder Mensch, – des brauchts doch it!
Kaum hondrt brauchsch zom Ibrleaba,
ond alles andre isch drneaba.
Des hanne zwar scho emmr gwisst,
doch nix dra dau, hamme vrpisst,
wia gsaid, be ä en Urlaub gfloga,
it nagugget! – Jo, i han gloga!

Be dem Konsumwahn so vrfalla
ond i gibs zua, mir hot des gfalla!
So daffs uf koin Fall weiter gau,
vor allem s Fliaga sott e lau.
I moss do raus ond mecht des au,
suscht geits gau bald en Supergau!
Bloß wia? – I woiß it weiter,
s sieht fast so aus, wia wenn e scheitr ..?

„Wenn treffet mir drei wieder zamma?"
„So, wia mr s ausgmacht hand, so damma!"
„Bloß: – hondert Jahr goht des fei nemme,
dia sitzet wirklich en dr Klemme!"
„Se mirket aber doch bei Gott,
dass ma sofort was endra sott!"
„Du siehsch jo, wa se drmit dand.
I hoiz ene em Schwobaland
a bissle ei, dia werret glotza,
noch hand se wirklich Grond zom motza!"
„A Sintflut hots jo scho mol gea,
des war ganz gwies jo au it schea.
I lass aber den Menschahaufa
noch demol endgildig vrsaufa!"
„Ond alles was a Menschahand
je gschaffa hot, – wird wieder Sand!

Dia Ballade isch dreidoilig aglegt: Dia boide Hexaszena am Afang ond am Schluss bildet dr Rahma fir de eigentlich Handlong, – beim Fontane ond en dr schwäbischa Version.

Aber em Gegasatz zom Fontane vrsuach i aufzomzoiga, wia dr Mensch drbei ist, d Schöpfong systematisch ond völlig oeisichdig kaputt zom macha. Festgmacht wird des an ra scheinbar vrninftiga, einsichtiga Person, dia zwar dia Fehler ond Fehlentwicklonga sieht und jo auch vrsuacht, abbes zom ändra, dia aber letztlich z schwach drzua isch ond au it woiß, wia des Ganze weiterganga soll.

Dr Fontane schaffet durch dia Hexaszene a oheimliche, gspenstische Atmosphäre ond des vor allem dodurch, dass r de oinzelne Hexa bewusst koine Nama geit. So ka ma dia vrschiedene Aussage koinra bestimmta Hex zuaordna ond dodurch ergibt sich a Durananander von Stemma, dia aus vrschiedene Richtonga kommet, vom Norda, vom Süda ond vom Meer. Des isch en geniala Schachzug vom Fontane, den hanne ibrnomma ond sogar no ausdehnt, om d Spannung zom staigra ond om zom zoiga, dass weder dr absolute Wille do isch, abbes Entscheidendes zom ändra ond dass dr Mensch offasichtlich au koi Konzept hot, wia ma dia Welt doch no redda kennt!

Theodor Fontane – John Maynard

Die Geschichte um den Steuermann John Maynard hat einen historischen Hintergrund. In der Nacht vom 8. zum 9. August 1841 geriet der Raddampfer „Erie" während der Fahrt von Buffalo über den Eriesee nach Erie in Brand. Der Steuermann Lothar Fuller blieb bis zuletzt auf seinem Posten und versuchte, das Schiff an die nächst gelegene Küste zu steuern. Er war das reale Vorbild für John Maynard. Anders als der Held der Ballade überlebte er schwer verletzt das Unglück. Allerdings wurden von den etwa 200 Passagieren an Bord, darunter auch zahlreiche Deutsche, nur 29 gerettet. An diesem Punkt beruft sich Fontane, der die Geschichte der Katastrophe wahrscheinlich aus einer Zeitungsnotiz hat, auf seine dichterische Freiheit, wenn er in seiner Ballade alle Passagiere rettet, den Steuermann aber den Heldentod sterben lässt.

John Maynard (1886)

„Wer ist John Maynard?"
„John Maynard war unser Steuermann
Aus hielt er, bis er das Ufer gewann;
Er hat uns gerettet, er trägt die Kron,
Er starb für uns, unsre Liebe sein Lohn.
John Maynard."

Die „Schwalbe" fliegt über den Eriesee,
Gischt schäumt um den Bug wie Flocken von Schnee;
Von Detroit fliegt sie nach Buffalo;
Die Herzen aber sind frei und froh,
Und die Passagiere mit Kindern und Fraun
Im Dämmerlicht schon das Ufer schaun;
Und plaudernd an John Maynard heran
Tritt alles: „Wie weit noch Steuermann?"
Der schaut nach vorn und schaut in die Rund:
„Noch dreißig Minuten ... halbe Stund."

Alle Herzen sind froh, alle Herzen sind frei;
Da klingt's aus dem Schiffsraum her wie ein Schrei.
„Feuer!" war es, was da klang,
Ein Qualm aus Kajüt und Luke drang,
Ein Qualm, dann Flammen lichterloh;
Und noch zwanzig Minuten bis Buffalo.
Und die Passagiere, buntgemengt,
Am Bugspriet steh'n sie zusammengedrängt.
Am Bugspriet vorn ist noch Luft und Licht,
Am Steuer aber lagert sich's dicht,

Und ein Jammern wird laut. „Wo sind wir? Wo?"
Und noch fünfzehn Minuten bis Buffalo.

Der Zugwind wächst, doch die Qualmwolke steht;
Der Kapitän nach dem Steuer späht.
Er sieht nicht mehr seinen Steuermann,
Aber durchs Sprachrohr fragt er an:
„Noch da, John Maynard?"
„Ja, Herr, ich bin."
„Auf den Strand! In die Brandung!"
„Ich halte drauf hin."
Und das Schiffsvolk jubelt: „Halt aus! Halloh!"
Und noch zehn Minuten bis Buffalo.

„Noch da, John Maynard?" Und Antwort schallt's
Mit ersterbender Stimme: „Ja, Herr, ich halt's."
Und in die Brandung, was Klippe, was Stein,
Jagt er die „Schwalbe" mitten hinein;
Soll Rettung kommen, so kommt sie nur so.
Rettung: der Strand von Buffalo.

Das Schiff geborsten. Das Feuer verschwelt.
Gerettet alle. Nur einer fehlt!

Alle Glocken gehen; ihre Töne schwell'n
Himmelan aus Kirchen und Kapell'n,
Ein Klingen und Läuten, sonst schweigt die Stadt,
Ein Dienst nur, den sie heute hat:
Zehntausend folgen oder mehr,
Und kein Auge im Zuge, das tränenleer.

181

Sie lassen den Sarg in Blumen hinab,
Mit Blumen schließen sie das Grab,
Und mit goldner Schrift in den Marmorstein
Schreibt die Stadt ihren Dankspruch ein:

„Hier ruht John Maynard. In Qualm und Brand
Hielt er das Steuer fest in der Hand.
Er hat uns gerettet, er trägt die Kron,
Er starb für uns, unsre Liebe sein Lohn.
John Maynard.“

Nearmed kommt als Held uf d Welt. Soll en Mensch zom a Held werra, messed denk e, zwoi Bedingonga erfillt sei: A außergwehnliche Situatio, a Notlag, a Gfahr oder en bsondra Konflikt uf dr oina Seite ond a bsondrs großes Vrantwortungsbewusstsei, a schnelle Auffassungsgab und des au no vrbonda mit Muat ond Risikobereitschaft uf dr andra Seite. Boides isch em Fall vom John Maynard zom Glick zammakomma. Aber so abbes kommt it bloß en Amerika, am Erisee ond alle hondrt Johr vor. Des bassiert weltweit sicher viel efters als ma denkt, au bei eis, am Bodasee, wia mr glei seha werret.

Jakob Scheifale

Jakob Scheifale!
„Wer isch dr Jakob Scheifale?"
„Ha no, den werred r au kenna,
der hot em Steuerheisle denna
dureghalda bis zom Schluss.
Sei Grab isch jetzt em Friedhof duss.
Jakob Scheifale."

D Hohentwiel fliagt ibr dr Bodasee,
en schwaze Rauch kommt ussem Kamee.
Vom ganza See do kommet d Leit,
seits jetzt dia schnell Verbindong geit,
en Schara rom noch Ibrlenga –
de Hendlr solls koin Schada brenga!
Au heit mecht alles zamma na,
drom froget se dr Steuerma:
„Ischs weit do niebr bis ans Ziel?"
„Doch it mit eisra Hohentwiel!"
Er gugget nauf zom volla Mond
ond schätzt: „ Ogfähr a halbe Stond!"

Alle send froh, ma stoht beianand,
uf oimol a mordsmäßigs Duranand:
Oinr schreit: "Fuir!" so laut wianr ka,
ond alles gugget zom Steuerhaus na.
Do qualmets scho firchdig us dera Hidde,

doch dr Jakob helts Ruder genau en dr Midde.
Der wird eis doch sicher ans Ufer brenga? –
Ond no zwanzg Menudda bis Ibrlenga.

Ällz druckt jetzt virra, do ka ma no schnaufa,
am Bug vorna hogget se uf amma Haufa.
Vom Jakob siehsch nix meh, ma hert bloß sei Stemm:
„Mir schaffet des scho no, desch gar it so schlemm!"
Jetzt heinet a Mädle, so a ganz kloina Denga; –
ond no fuchzeah Menudda bis Ibrlenga.

Dr Wend, der nammt zua, dr Qualm ibrhand,
am Steuer do henda: a pechschwaze Wand.
Ond mit em Sprochrohr do schreit r noch henda,
dr Kapitän. Er ka dr Jakob it fenda:
„Bisch no do, Jakob, em Steuerhaus?"
„S goht scho no a Weile. I halt emmr grad aus!"
Ond alle Leit beddet: „Des wird doch au glenga!" –
Ond no zeah Menudda bis Ibrlenga.

„Bisch no do, Jakob? Heltsch es no aus?
I be mr ganz sicher, mir kommet do raus!"
„Jo, Chef, i halt jetzt genau auf dr Strand!"
Ma hert en fast nemme durch den furchtbara Brand.
Des Schiff wird se sichr ans Ufer brenga:
Ond Reddong kommt bloß von Ibrlenga!

Am Ufer gstrandet isch d Hohentwiel,
doch wa von ra ibrig isch, desch leider it viel.
S isch wia a kleis Wondr, weil: alle send greddet.
Wenn dia it dr Jakob am Steuer ghet heddet!
Doch der, dr Jakob, der isch nemme do,
dem trauret jetzt alle wo greddet send no.

Ond d Menschdrglocka von Ibrlenga,
dia kenned dr Jakob au nemme brenga!
Dr Zug, der isch lang ond jeder der ka,
der beddet a Gsetzle mit fir sellen Ma.

Noch land se dr Sarg mit de Bloama nab,
ond mit goldenr Schrift schreibt em d Stadt uf sei Grab:
„Do gruabet dr Jakob. Em Qualm ond em Brand,
hot r s Steuer it los glau mit eisenr Hand.
Er isch fir eis gstorba, eahm hammr zom danka.
Mir bleibet ä bei em mit eisre Gedanka.
Jakob Scheifale"

Theodor Fontane – Herr von Ribbeck auf Ribbeck im Havelland

Die Ballade über den Herrn von Ribbeck entstand 1889 und geht vermutlich auf Fontanes Reiseerfahrungen im Havelland zurück. Der dritte Band seiner Wanderungen durch die Mark Brandenburg ist beispielsweise dem Havelland gewidmet. Das heutige Schloss Ribbeck wurde erst 1893, also nach Fontanes Gedicht, im neubarocken Stil erbaut und ist im Besitz des Landkreises Brandenburg, seit 2009 ist in seinen Räumen ein Fontane–Museum untergebracht. Die im obstreichen Havelland bekannte Sage, die Fontane in seiner Ballade verarbeitete, bildete sich um Hans Georg von Ribbeck (1689 -1759). Die Kinder aus dem Dorf pflegte er mit Birnen aus seinem Garten zu beschenken. Vor seinem Tod soll er verfügt haben, dass man ihm Birnen als Grabbeigabe dazulegen solle. Auf seinem Grab wuchs ein Birnbaum, von dem sich die Kinder weiterhin Birnen pflücken durften.

Herr von Ribbeck auf Ribbeck im Havelland (1889)

Herr von Ribbeck auf Ribbeck im Havelland,
Ein Birnbaum in seinem Garten stand,
Und kam die goldene Herbsteszeit,
Und die Birnen leuchteten weit und breit,
Da stopfte, wenns Mittag vom Turme scholl,
Der von Ribbeck sich beide Taschen voll,
Und kam in Pantinen ein Junge daher,
So rief er: "Junge, wist 'ne Beer?"
Und kam ein Mädel, so rief er: "Lütt Dirn,
Kumm man röwer, ick hebb 'ne Birn."

So ging es viel Jahre, bis lobesam
Der von Ribbeck auf Ribbeck zu sterben kam.
Er fühlte sein Ende. 'S war Herbsteszeit,
Wieder lachten die Birnen weit und breit,
Da sagte von Ribbeck: "Ich scheide nun ab.
Legt mir eine Birne mit ins Grab."
Und drei Tage drauf, aus dem Doppeldachhaus,
Trugen von Ribbeck sie hinaus,
Alle Bauern und Büdner, mit Feiergesicht,
Sangen "Jesus, meine Zuversicht",
Und die Kinder klagten, das Herze schwer:
"He is dod nu. Wer giwt uns nu 'ne Beer?"

So klagten die Kinder. Das war nicht recht.
Ach, sie kannten den alten Ribbeck schlecht,
Der neue freilich, der knausert und spart,
Hält Park und Birnbaum strenge verwahrt,

Aber der alte, vorahnend schon
Und voll Misstraun gegen den eigenen Sohn,
Der wusste genau, was damals er tat,
Als um eine Birn ins Grab er bat,
Und im dritten Jahr, aus dem stillen Haus
Ein Birnbaumsprössling sprosst heraus.

Und die Jahre gehen wohl auf und ab,
Längst wölbt sich ein Birnbaum über dem Grab,
Und in der goldenen Herbsteszeit
Leuchtets wieder weit und breit.
Und kommt ein Jung' übern Kirchhof her,
So flüsterts im Baume: "Wiste 'ne Beer?"
Und kommt ein Mädel, so flüsterts: "Lütt Dirn,
Kumm man röwer, ick gew di 'ne Birn."

So spendet Segen noch immer die Hand
Des von Ribbeck auf Ribbeck im Havelland.

Eigentlich besingt Fontane mit seiner Ballade das hohe Lied vom
Schenken und Sich-Beschenken-Lassen. Den jungen Herrn von
Ribbeck hat er geschickt dazu erfunden, um so der Ballade mit
dem Konflikt zwischen Vater und Sohn eine innere Spannung und
Lebensechtheit zu verleihen. Fontane zeichnet in seinem Gedicht
zwar eine idyllische Welt, aber er gaukelt keine heile Welt vor.

So, vom Havelland ens Schwobaland! Vielleicht sott man oin
Punkt, neabem Schenka ond beschenkt werra au no asprecha, der
a wichtige ond zentrale Rolle spielt en dera Gschicht, vor allem,
wemma mit Kendr dribrt schwätzt: S Sterba ond dr Tod vom Grof.

Ohne boides ischt dia Gschicht it denkbar. D Fraid am Leaba ond s Eivrständnis mit em Tod send zwoi ganz wichtige Leitmotiv, mit dene dr Fontane den alta Ribbeck charakterisiert ond dia ihn domit so liebenswert machet. Wer an seine materielle Giatr it so fest hanget wia der Grof, der klammret sich au it ans Leaba insgesamt. Wer glernet hot, herzomgeaba, ka schliaßlich au am Ende leichtr loslau. Dr Herr Ribbeck woiß, dass sei Ende it gleichzeitig s Ende von seinra Mitmenschlichkeit sei moss. Deshalb sei Bitte om a Birn als Grabbeigab. En dem Birnbaum uf seim Grab „erlebt" dr Grof sozusaga sei nadirliche „Auferstehung" ond vrlengret dodurch sei guats Lebenswerk.

Grof Adlbert vom scharfa Schwert em Schwobaland

Grof Adlbert vom scharfa Schwert em Schwobaland,
seit viele Johr em Adelsstand,
kas huir wieder kaum vrwada,
bis d Birna reif send en seim Gada.
Zwoi scheene nammt r, hot se gwäscha,
ond stopft se sich en d Mantldäscha.
„Dia kennte grad dem Biable schenka“,
denkt sich dr Grof, ond duat em wenka.
Ond glei druff na steckt r de zwoit,
em Nochbrmädle en sei Kloid.

Lang isch des Johr fir Johr so ganga,
noch moss dr Grof oms Leaba banga.
Er said zu sich, s war wieder Hirbscht,
ond d Birna reif: Bevor da stirbscht,
heltsch deine Kendr no uf Trab:
„Gand mir a Birn au mit ens Grab!“
Grad drei Dag später trecht men naus,
dr Grof dann us seim scheana Haus.
Ond alle Leit mit Trauergsicht
dia senget: „Jesus … Zuversicht“.
Doch d Kendr, dia hand andre Sorga:
„Wer gibt eis jetzt a Birn ab morga?“

So jammred se. Des war it reacht,
doch do kennt ma den Alda schleacht!
Gott soll den Jonga it vrdamma,
doch der, en Schwob, helt älles zamma!
Dr Gada mit em Birnabaum
bleibt fest vrschlossa, – aus dr Traum!
Dr Alde hot en Riachr ghet,
mit seinr Birn em Ruhebett:
Em dridda Johr, ma siehts no kaum,
treibt ussem Grab en kleine Baum.

Der isch enzwischa, gugget bloß,
en Birnabaum ond riesagroß!
Em Hirbscht, do hanget ibrm Grab,
jetzt schene Birna von em rab.
„Mechdescht a Birn?", ma herts fast idda,
loht sich vom Baum des Buale bidda.
Ond kommt a Mädle, hot dia s Gfiehl:
„Der Baum trait bloß fir mi so viel!"

So segnet no emmr dia seelaguat Hand
vom Adlbert d Kendr em Schwobaland.

Geheimnisvoll bleibt allerdings bis zom Schluss, wer oder was em
Birnbaum auf dem Grab so leise vor sich na schwätzt. Isch s dr
Wend oder isches d Stemm vom Ribbeck bzw. vom Adlbert? Aber
en de letzte zwoi Vers wird nomml deitlich gmacht, wer letztlich
ond generationsibrgreifend fir des Vrmächtnis zuastendig isch.

191

A sinnliche ond gleichzeitig be-sinnliche Ballade, dia eis alle be-
flügla ond ermuntra ka, emmr wieder en d Haut vom Ribbeck zom
schlupfa, – aber au en dia von seine Dorfkendr!

August Kopisch

Geboren am 26.5.1799 in Breslau; gestorben am 6.2.1853 in Berlin. Der aus einer großbürgerlichen Kaufmannsfamilie stammende Kopisch verlässt das Breslauer Gymnasium vorzeitig, um an den Kunstakademien von Prag (1815-17), Wien (1818-19) und Dresden (1821-24) Malerei zu studieren. Er findet aber am Akademiebetrieb wenig Gefallen, schwankt zwischen bildender Kunst, Literatur und Wissenschaft, wendet sich dann aber zunehmend der Dichtung zu. Kopisch schreibt die rheinländische Sage aus dem Siebengebirge in Gedichtform auf und überträgt sie nach Köln.

Die Heinzelmännchen zu Köln (1836)

Wie war zu Köln es doch vordem
Mit den Heinzelmännchen so bequem!
Denn, war man faul,… man legte sich
Hin auf die Bank und pflegte sich:
Da kamen bei Nacht,
Ehe man's gedacht,
Die Männlein und schwärmten
Und klappten und lärmten,
Und rupften
Und zupften,
Und hüpften und trabten
Und putzten und schabten…
Und eh ein Faulpelz noch erwacht, …
War all sein Tagewerk … bereits gemacht!

Die Zimmerleute streckten sich
Hin auf die Spän' und reckten sich.
Indessen kam die Geisterschar
Und sah was da zu zimmern war.
Nahm Meißel und Beil
Und die Säg' in Eil;
Und sägten und stachen
Und hieben und brachen,
Berappten
Und kappten,
Visierten wie Falken
Und setzten die Balken ...
Eh sich's der Zimmermann versah ...
Klapp, stand das ganze Haus ... schon fertig da!

Beim Bäckermeister war nicht Not,
Die Heinzelmännchen backten Brot.
Die faulen Burschen legten sich,
Die Heinzelmännchen regten sich –
Und ächzten daher
Mit den Säcken schwer!
Und kneteten tüchtig
Und wogen es richtig,
Und hoben
Und schoben,
Und fegten und backten
Und klopften und hackten.
Die Burschen schnarchten noch im Chor:
Da rückte schon das Brot,... das neue, vor!

Beim Fleischer ging es just so zu:
Gesell und Bursche lag in Ruh.
Indessen kamen die Männlein her
Und hackten das Schwein die Kreuz und Quer.
Das ging so geschwind
Wie die Mühl' im Wind!
Die klappten mit Beilen,
Die schnitzten an Speilen,
Die spülten,
Die wühlten,
Und mengten und mischten
Und stopften und wischten.
Tat der Gesell die Augen auf,…
Wapp! hing die Wurst da schon im Ausverkauf!

Beim Schenken war es so: es trank
Der Küfer bis er niedersank,
Am hohlen Fasse schlief er ein,
Die Männlein sorgten um den Wein,
Und schwefelten fein
Alle Fässer ein,
Und rollten und hoben
Mit Winden und Kloben,
Und schwenkten
Und senkten,
Und gossen und panschten
Und mengten und manschten.
Und eh der Küfer noch erwacht,
War schon der Wein geschönt und fein gemacht!

Einst hatt' ein Schneider große Pein:
Der Staatsrock sollte fertig sein;
Warf hin das Zeug und legte sich
Hin auf das Ohr und pflegte sich.
Da schlüpften sie frisch
In den Schneidertisch;
Da schnitten und rückten
Und nähten und stickten,
Und faßten
Und paßten,
Und strichen und guckten
Und zupften und ruckten,
Und eh mein Schneiderlein erwacht:
War Bürgermeisters Rock ... bereits gemacht!

Neugierig war des Schneiders Weib,
Und macht sich diesen Zeitvertreib:
Streut Erbsen hin die andre Nacht,
Die Heinzelmännchen kommen sacht:
Eins fährt nun aus,
Schlägt hin im Haus,
Die gleiten von Stufen
Und plumpen in Kufen,
Die fallen
Mit Schallen,
Die lärmen und schreien
Und vermaledeien!
Sie springt hinunter auf den Schall
Mit Licht: husch husch husch husch! – verschwinden all!

O weh! nun sind sie alle fort
Und keines ist mehr hier am Ort!
Man kann nicht mehr wie sonsten ruhn,
Man muß nun alles selber tun!
Ein jeder muß fein
Selbst fleißig sein,
Und kratzen und schaben
Und rennen und traben
Und schniegeln
Und biegeln,
Und klopfen und hacken
Und kochen und backen.
Ach, daß es noch wie damals wär!
Doch kommt die schöne Zeit nicht wieder her!

Inhaltlich braucha mr des Gedicht glaub it groß ussanandr namma ond auf sein Gehalt ondrsuacha. Dia Ballade lebt oifach von dr sprachlicha Vielfalt, mit dera do dia Tätigkeita von de vrschiedene Handwerker beschrieba werret. Des war aber gleichzeitig au a große Herausforderong beim Ibrtraga ens Schwäbische: Zerst amol so viel passende Zeitwörter fenda, dia zu de jeweilge Beruf passa ond sich nadirlich au no reima soddet!

D Heinzlmennla vo Sulga

En Sulga, do wars frier schee,
lang vor i det gebora be!
Wer faul isch, der bleibt hald em Bett
ond wird au ohne schaffa fett:
Do kommet so Mennla
mit Leffl ond Pfennla
dia schaffet ond kläppret,
krakeelet ond schäppret,
dia hetzet
ond wetzet
ond gugget ond jugget
ond hagget ond drugget …
Kaum isch r wach, noch wondret sich
so oinr, dass scho gschaffet isch!

Dia Zemmrleit, dia schdragget rom
ond koinr macht en Fengr kromm.
Noch kommet uf amol so Zwergla
ond fanget a, do romzomwerkla
mit Äxtla ond Beile
ond dand sich beeila,
des Holz zom vrschaffa –
do kasch bloß no gaffa!
Dia säaget ond schleifet
ond schmirglet ond pfeifet,
visieret wia d Falka
ond setzet dia Balka.
Kaum gugget se zur Werkstatt naus,
ischs hechschde Zeit zom Aufrichtschmaus!

Dr Beck, der leidet au koi Not:
do bachet d Heinzlmennla s Brot.
Dia Gsella send so faule Hond,
dia schlofet uf em Ofa ond
land d Heinzlmennla fir sich schufda:
dia schwere Säck en d Miele wuchda.
Dia mahlet dr Woiza,
dand wiega ond hoiza,
dand gnedda
ond drugga
ond stopfa ond lupfa
ond klopfa ond rupfa.
Grad wachet d Gsella auf weils dufdet,
ond dand, als häbet sia so gschufdet!

Beim Metzgr isch ma au bequem,
doch des isch weitr koi Problem.
Do kommet wieder selle Goischdr
ond schaffet schneller wia dr Moischdr:
Die pagget dia Sei
ond metzget se glei.
Dia hand jo drweil
ond nammet a Beil,
dia wetzet
ond hetzet
ond schneidet ond hagget
wia wild was do schdragget.
Des Wuschda goht ganz ohne Krach,
ond langsam werret d Metzgr wach!

Dr Kiafr, der probiert sein Wei
ond schloft drbei a bissle ei.
Noch kommet dia Mennla
mit Schapfa ond Kennla
ond mischet ond menget
ond zischet ond sprenget.
Dia schepfet
ond klepfet
mit Hammr ond Kloba
von onda bis oba
dia Zubr ond Fessr –
koin Kiafr kennts bessr!
En edla Tropfa hand se gmacht,
bevor dr Moischdr grad vrwacht.

En Schneidr denkt sich: „So en Käs,
i werr it ferdig mit dem Häs."
Er isch hondsmiad ond schloft glei ei,
ond draemt, dass ällz scho gschaffet sei.
Kaum schnarcht r, send se wiedr komma,
hand Nodla, Scher ond Fada gnomma,
ond schneidet ond stegget,
ond hefdet ond stregget,
ond rupfet
ond zupfet
ond basset ond rieglet
ond fasset ond bieglet.
Kaum isch dr Schneidr wiedr wach,
isch alles gschaffet … descht a Sach!

D Frau Schneidr plogt dr Wondrfitz,
drom macht se au den domma Witz:
Strait Erbse ibrall omanand
ond wadet, was se jetzt noch dand!
Ois rutschet aus,
schlet na em Haus.
Dia stolpret und fallet,
ond buzlet ond knallet,
dia hetzet
ond wetzet
von onda noch oba
ma herts ibrall toba.
Sui wachet auf ond fonzlet rom,
bätsch, send se weg, – ond aus dr Drom!

Jetzt send se alle fut mitnand, –
firs ganze Städtle ischs a Schand!
A jedr moss jetzt selbr schaffa,
it romfagiera ond bloß gaffa!
Moss lupfa ond saua
ond rupfa ond baua,
moss sprenga
ond brenga
ond klopfa ond pfropfa
ond wiaga ond stopfa,
moss kocha ond bacha
ond no daused Sacha.
Wia schee hand ses doch domols ghet,
doch des isch rom, – a jeda Wett!

Karl Freiherr von Berlepsch

Graf Berlepsch legt 1906 am Mündener Gymnasium das Abitur ab. Schon während seiner Gymnasialzeit erhält er einen Preis für seine Ballade „Der Weichensteller". Nach dem Abitur studiert er an den Universitäten München, Marburg und Bonn Rechtswissenschaften. Er kämpft im Ersten Weltkrieg als Soldat an der Ost- und der Westfront. 1919 wird er Referendar in Kassel. Nach dem Tod seines Vaters übernimmt er den Familienbesitz Schloss Berlepsch bei Witzenhausen mit den dazugehörenden Gütern. Er lebt fortan auf dem Schloss und versammelt dort bekannte Dichter in einer losen Folge von literarischen Zirkeln. Er selbst verfasste neben Lyrik auch Novellen und Skizzen in Prosa. Zudem war er ein realistischer Maler und Zeichner.

Wir wissen allerdings nichts über einen möglichen historischen Hintergrund, den der Dichter als Quelle benutzt haben könnte. Erstaunlich auf jeden Fall, dass Berlepsch diese Ballade bereits als jugendlicher Gymnasiast schrieb.

Der Weichensteller (1906)

Und nun noch der Schnellzug nach Charleroi!
In fünf Minuten schon ist er da! –
Er trottet hinaus zum äußersten End',
Die letzte Weiche zu stellen behend.
Im Schnee seine Schritte knarren,
Die Nacht ist kalt zum Erstarren!

Bald lädt bei traulichem Lampenschein
Die warme Stube den Müden ein,
Und ein Kuß vergilt ihm des Tages Qual,
Ein liebendes Weib und ein einfach Mahl:
Dann werden am Bettchen sie stehen
Und das Bübchen schlummern sehen! –

Hei, wie der Ostwind eisig pfeift,
Wie's tief durchs wollene Wams ihm greift!
Eine rote Lampe! Nun ist er zur Stell'.
Nur schnell!
Fern sind zwei Lichter erschienen,
Schon stoßen und stampfen die Schienen.

Der Zug! Es war die höchste Zeit!
Doch was ist das? Barmherzigkeit!
Der Hebel dreht sich im Bügel zu leicht,
Und wie er in Eile sich niederneigt,
Da hat es ganz leise geklungen,
Das eiserne Band ist zersprungen! –

Verzweifelt preßt er die Hand an die Stirn
Ein einz'ger Gedanke durchzuckt sein Hirn:
Der Zug! – Und braust er die falsche Bahn,
So ist es um ihn und die Menschen getan!
Denn kaum minutenlang weiter
Rast ihm entgegen ein zweiter! –

Da wirft sich zwischen die Schienen der Mann,
Preßt dicht seinen Leib an das Eisen an
Und dehnt und stemmt sich mit Riesenkraft –
Ein gewaltiger Druck! Nun ist es geschafft!
Ob lebendig oder als Leiche,
Er liegt, – eine knöcherne Weiche!

Er liegt und steht und hört nichts mehr.
Der Eilzug rasselt über ihn her.
Nur ein Haken im Weg, eine Bremse zu tief! –
Wie's heiß und kalt durch die Adern ihm lief! –
Was gilt nur dein Leben!
Du mußt es für hundert geben! –

Ein Haken zu tief, eine Bremse im Weg!
Sekunden! Doch schlichen sie viel zu träg!
Und wenn er nur diesmal am Leben blieb –
O Gott! Wie hat er das Leben so lieb!
Da ist er vorbei geschnoben,
Und ferner hört er es toben! –

Nun naht es wieder und flackert und braust
Und ist an ihm vorbeigesaust:
Der zweite Zug, von Lichtern erhellt,
Voll Menschenglück – eine kleine Welt! –
Gerettet – Er lauscht in die Ferne,
– Und über ihm funkeln die Sterne! –

Inhaltlich erinnert uns die Ballade an Fontanes John Maynard.
Ähnlich wie dieser handelt der Weichensteller auch völlig selbst-
los, stellt seine Dienst– und Fürsorgepflicht über das eigene Le-
ben und rettet dadurch den ihm anvertrauten Menschen gleich in
zwei Zügen das Leben. Wir haben bei John Maynard gesagt, dass
zwei Bedingungen erfüllt sein müssen, wenn ein Mensch über
sich hinauswachsen und zum Helden werden kann: eine Gefahr
oder Notlage einerseits und auf der anderen Seite ein Mensch mit
dem entsprechenden Mut und der notwendigen Risikobereitschaft.
Beides trifft hier wie dort auf die Protagonisten der Balladen zu.
Der Weichensteller sieht sich innerlich motiviert, unter Einsatz
seines Lebens einzugreifen und dadurch das von vielen anderen
möglicherweise zu retten.

Dr Weichastellr

Jetzt fehrt bloß no der oine dur:
dr Zug von Ulm en d Schweiz noch Chur.
En fenf Menudda kommt r rei,
der isch no nia vrspätet gsei.
Er goht en d Nacht naus, d Weich no stella,
drnoch hot r glei hoe gau wella.

Bald ledt beim warma Lambaschei
a warme Stuab den Miada ei.
En Kuss vom Weib, a oifachs Essa,
des loht en d Arbet schnell vrgessa.
Noch werret se am Bettle schdau
ond bedda, – s Biable schlofa lau.

Jo, wia der Ostwend wiedr pfeift
ond eiskalt dur sein Kittl greift!
A rots Signal, er kommt gau glei,
ond rast wia jeden Tag vrbei.
Dr ganze Damm vibriert
bevor dr Zug passiert.

Des isch r, – ond s war hegschde Zeit!
Doch wa isch des? – Der Hebel leit
viel z leicht en seinra starka Hand.
Noch sieht r, dass des Eiseband
zur Weicha nomm abrocha ischt. –
Om Gottes Willa, Jesus Chrischt!

Er langet mit dr Hand an d Stirn,
hot bloß des oine no em Hirn,
ond eahm wirds uf amol ganz hoiß:
Der Zug, der fehrt uf s falsche Glois!
Do rast r en en andra nei, –
des ischs fir hondert Leit noch gsei!

Drom wirft der gwissahafde Ma
sich sofort uf dr Boda na,
ens Gloisbett nei, zwischa dia Schiena,–
„Bloß so kan e meim Herrgott diena!".
Er stemmt sich mit dr ganza Kraft
drgega a, – ond hots au gschafft!

So leit r zwischa Glois ond Stoinr,
lebendig, – no!, – a Weich us Boinr.
Noch isch r ibrm wia a Beba,
dr Zug. Er daff sich it bewega.
Oin Hoka z diaf, noch ischs des gwea:
Hots Leaba fir dia hondert gea!

Der Donnr hot koi End it gfonda,
er stemmt sich, druckt ond zehlt d Sekonda.
Oh wenn r doch am Leaba blieab,
er hot sei Weib ond s Kend so liab!
Ond noched isch zmol alles rom,
koi Stampfa, Toba, – alles stomm.

Ond wieder flaggrets, zittrets, duats,
doch demol isches abbes Guats:
Em Gegazug bloß zfriedne Leit,
Gottlob, dass dia s no alle geit!
Se wisset nix von dera Gfahr,
en der a jeder grad no war!

Erich Kästner

Erich Kästner (1899 -1974) war deutscher Schriftsteller und Drehbuchautor, der vor allem durch seine humorvollen, aber auch liebenswerten und trotzdem scharfsinnigen Kinderbücher und zeitkritischen Gedichte bekannt ist. Motor seines Schaffens war *„die Hoffnung, dass die Menschen vielleicht doch ein wenig, ein ganz klein wenig besser"* werden könnten, wenn man sie einerseits oft genug beschimpft, bittet, beleidigt und auslacht, wenn man ihnen andererseits aber auch positive Figuren als Identifikationsmodelle präsentiert, wie dies eben in seinen Kinderbüchern geschieht. Kästner ist der literarischen Richtung der „Neuen Sachlichkeit" zuzuordnen, welche als kritische Reaktion auf den pathetischen, gefühlsbezogenen Expressionismus aufkam. Man versuchte in einer nüchternen, realistischen Weise mit „unpoetischem" Vokabular gesellschaftliche Missstände und Zeiterscheinungen zu kritisieren.

Kästner's Gedicht stammt aus dem Jahr 1932, ein Jahr vor der öffentlichen Verbrennung seiner Bücher durch die Nazis am 10. Mai 1933. Es ist sicher keine Ballade im engeren, klassischen Sinn, enthält jedoch neben epischen und lyrischen Elementen eben auch deutliche dramatische Aspekte, wenn man die pessimistischen Zukunftsperspektiven Kästners nicht nur als Satire und Ironie abtun möchte.

Die Entwicklung der Menschheit (1932)

Einst haben die Kerls auf den Bäumen gehockt,
Behaart und mit böser Visage.
Dann hat man sie aus dem Urwald gelockt
Und die Welt asphaltiert und aufgestockt
Bis zur dreißigsten Etage.

Da saßen sie nun, den Flöhen entflohn,
In zentralgeheizten Räumen.
Da sitzen sie nun am Telefon.
Uns es herrscht noch genau derselbe Ton
Wie seinerzeit auf den Bäumen.

Sie hören weit. Sie sehen fern.
Sie sind mit dem Weltall in Fühlung.
Sie putzen die Zähne. Sie atmen modern.
Die Erde ist ein gebildeter Stern
Mit sehr viel Wasserspülung.

Sie schießen die Briefschaften durch ein Rohr.
Sie jagen und züchten Mikroben.
Sie versehen die Natur mit allem Komfort.
Sie fliegen steil in den Himmel empor
Und bleiben zwei Wochen oben.

Was ihre Verdauung übrig lässt,
Das verarbeiten sie zu Watte.
Sie spalten Atome. Sie heilen Inzest.
Und sie stellen durch Stiluntersuchungen fest,
Dass Cäsar Plattfüße hatte.

So haben sie mit dem Kopf und dem Mund
Den Fortschritt der Menschheit geschaffen.
Doch davon mal abgesehen und
Bei Lichte betrachtet, sind sie im Grund
Noch immer die alten Affen.

Die Ballade beleuchtet die Entwicklung der Menschheit auf eine sehr kritische Weise, was auf dem Hintergrund von Kästners Biographie während des Naziregimes nicht weiter verwundert. Die Menschen haben es zwar von den Bäumen ins Büro geschafft, haben auch vordergründig gewaltige Fortschritte erzielt, doch in ihrem Inneren hat sich aus der Sicht Kästners nicht viel geändert. Ein tatsächlicher Fortschritt wäre es, wenn sich der Mensch im sozialen Bereich, in Herzensangelegenheiten zum Positiven verändern würde. So bleibt Kästner nur die resignative, natürlich pointierte Schlussfolgerung, dass sich der Mensch letztlich noch immer so verhält wie damals als Affe im Urwald.

Mir fellt an seim Gedicht auf, dass r ziemlich distanziert von „der Menschheit" schwätzt. Jeder zwoite Satz fangt r mit „sie" a, ond domit moint r d Menscha. Er zehlt sich offasichtlich selber it drzua, will sich distanziera.

214

En meinra Version vrsuache dia Distanz zwischem Schreiber ond de Menscha, von dene er vrzehlt, abzubaua, indem e andre Personalpronoma namm. I bezieah mi mit ei, schwätz von „mir" ond „eis": „Mir" hand den zweifelhafta Fortschritt selbr gschaffa! Ansonschta bleibe inhaltlich ganz näh am Original.

Von dr äußra Form her isch mei Version identisch mit em Kästner: Sechs Stropha mit jeweil fenf Vers ond em Reimschema abaab.

Fortschritt

Friar semmr uf de Beim romghanget,
am ganza Ranza lautr Hoor,
allmählich hammr denkt, des langet,
hand riesa Großstädt baut ond glanget
enzwischa weit en Weltraum vor.

Hand koine Leis meh ond koin Floh,
ond ibrall warme Reim,
mir sitzed jetzt am Telefo,
doch zwischa eis, do isch dr To
wia domols uf de Beim.

Mir heret weit ond gugget fern,
ond fliaget bis zom Mond.
Mir butzed d Zeh heit ganz modern,
send firchdig stolz uf eisrn Stern,
mit Bio lebt sichs gsond.

Mir schicket Dada omanand,
ibrall na uf dr Welt.
Mir machet Strom em Wischdasand
ond schicket en noch Helgoland,
machet aus Abfall, – Geld.

Sei Haus, des hoizt ma scho mit Gilla,
fir jede Kranket hot ma fei
ond jedes Leida heit a Pilla.
En Bua ka zletscht no noch em Willa
dr Eltra – au a Mädle sei!

Mir hand mit eisre schlaue Grend
den Fortschritt selbr gschaffa.
Doch abgsea do drvo, do send
moderne Menscha, wia ne fend,
no emmr so wia d Affa.

Otto Ernst

Otto Ernst Schmidt (später nannte er sich lediglich Otto Ernst) wird 7.10.1862 in Ottensen bei Hamburg als Sohn einer Zigarrendreherfamilie geboren und wächst in ärmlichen Verhältnissen auf.

Seine Lehrer erkennen, dass der Junge wissbegierig und talentiert ist, und fördern ihn entsprechend. So kann er Lehrer werden und unterrichtet an verschiedenen Hamburger Schulen. Neben seinem Lehrberuf betätigt er sich als freier Schriftsteller und Bühnenautor. Als die Einnahmen aus den künstlerischen Tätigkeiten groß genug sind, beschließt Ernst 1901, sich nur noch um die Kunst zu kümmern, und kehrt dem Lehrerberuf den Rücken. 1903 kauft er sich in Groß-Flottbek ein Haus und lebt dort mit Frau und inzwischen fünf Kindern bis zu seinem Tod am 5.3.1926. Otto Ernst wurde auf dem Friedhof Groß Flottbek beigesetzt.

Die Deutsche Gesellschaft zur Rettung Schiffsbrüchiger würdigte dieses Gedicht dergestalt, dass sie 1990 einen Seenotkreuzer auf den Namen „Nis Randers" getauft hat.

Nis Randers (1901)

Krachen und Heulen und berstende Nacht,
Dunkel und Flammen in rasender Jagd –
Ein Schrei durch die Brandung!

Und brennt der Himmel, so sieht man's gut:
Ein Wrack auf der Sandbank! Noch wiegt es die Flut;
Gleich holt sich's der Abgrund.

Nis Randers lugt – und ohne Hast
Spricht er: »Da hängt noch ein Mann im Mast;
Wir müssen ihn holen.«

Da faßt ihn die Mutter: »Du steigst mir nicht ein:
Dich will ich behalten, du bliebst mir allein,
Ich will's, deine Mutter!

Dein Vater ging unter und Momme, mein Sohn;
Drei Jahre verschollen ist Uwe schon,
Mein Uwe, mein Uwe!«

Nis tritt auf die Brücke. Die Mutter ihm nach!
Er weist nach dem Wrack und spricht gemach:
»Und seine Mutter?«

Nun springt er ins Boot, und mit ihm noch sechs:
Hohes, hartes Friesengewächs;
Schon sausen die Ruder.

Boot oben, Boot unten, ein Höllentanz!
Nun muß es zerschmettern …! Nein: es blieb ganz! …
Wie lange? Wie lange?

Mit feurigen Geißeln peitscht das Meer
Die menschenfressenden Rosse daher;
Sie schnauben und schäumen.

Wie hechelnde Hast sie zusammenzwingt!
Eins auf den Nacken des andern springt
Mit stampfenden Hufen!

Drei Wetter zusammen! Nun brennt die Welt!
Was da? – Ein Boot, das landwärts hält –
Sie sind es! Sie kommen! – –

Und Auge und Ohr ins Dunkel gespannt …
Still – ruft da nicht einer? – Er schreit's durch die Hand:
»Sagt Mutter, 's ist Uwe!«

Das Gedicht zeigt den Edelmut eines Mannes, der sich selbstlos in
Todesgefahr begibt, um einen Schiffbrüchigen zu retten. Davon
lässt er sich auch von seiner Mutter, die natürlich Angst um ihn
hat, nicht abbringen. In diesem Fall wird sein Einsatz sogar auf
besondere Weise belohnt, weil nicht nur ein Mensch vor dem si-
cheren Tod gerettet wird, sondern der Gerettete ist auch noch der
vermisste Bruder bzw. Sohn.

Die dramatische Geschichte wird vom Autor sogar noch so weit
zugespitzt, dass das Bemühen der Mutter, den einzig verbliebenen

Sohn zu Hause zu behalten, beinahe dazu geführt hätte, dass sie den verschollenen und jetzt geretteten Sohn nie wieder gesehen hätte.

Dr Karle

De sellig Nacht hots firchdig gwittred,
ond d Leit am Bodasee hand zittred
bei jedem Blitz. – Koin Witz!

Dr Sturm isch grad so reacht am Toba
ond treibt a Fischerboot kieloba
ens Diafe naus. – Oh Graus!

En Ma hebt sich mit letschter Kraft
am Boda fest ond hetts grad gschafft,
noch lohtr los. – Dr Karle bloß:

„Den moss ma holla liabe Leit,
sonst isch r he!" Sei Moddr schreit:
„Des isch zom Flenna. – Karl, bleib henna!

Dein Vaddr hots erst letschde troffa,
do isch r mit em Sepp vrsoffa.
Des war en Schlag, – an sellem Dag!

Dr Uwe, der war mit em Boot,
ond seither gilt r au als dot.
I han koi Ruah, – mei letztr Bua!"

Dr Karle loht sich it beirra
ond fangt scho a, sich azomgschirra:
„Der dussa, der hat au a Moddr – odr?"

Noch jugget se zu siebt ens Boot,
ond hand mitnand a liabe Not,
it zom vrsaufa – dr ganze Haufa!

Des Bootle fellt schier ussanand,
so wie die Welle do heit dand
am Bodasee. – Descht nemme schee!

I glaub, jetzt send se bei em duss
ond hand en ussem Wassr huss,
ens Boot reizoga, – den arma Koga!

Jetzt rudret se mit letztr Kraft
uf s Ufr zua. Se hands grad gschafft
wia oinr schreit: – „Ihr liabe Leit:

Ond saget doch dr Moddr glei,
dass des fei eisr Uwe sei,
em Boot. – Er isch it dot!"

An diesem Stoff haben sich vor Ernst schon verschiedene andere
Schriftsteller versucht, aber von keinem so musterhaft. Seine Bal-
lade wird von Literaturkennern als die gelungenste Darstellung
angesehen.

Man kann diesen Nis Randers in eine Reihe gleichgewichtig mit Schillers Bürgschaft und Fontanes John Maynard eingliedern: Nicht nur wegen ihrer literarischen Qualität und der spannenden Darstellung, sondern auch wegen des Themas Opferbereitschaft und Pflichterfüllung.

Franz Josef Degenhardt

Franz Josef Degenhardt wird am 1931 in Schwelm in Westfalen geboren und entstammt einer streng katholischen und antifaschistischen Familie. Er studiert Rechtswissenschaft in Freiburg und Köln. Für den jungen Degenhardt steht bald fest, wo der Feind steht: in der jungen Adenauer-Republik, die immer noch vom Mief der Nazizeit durchsetzt ist. 1965 erscheint sein Album "Spiel nicht mit den Schmuddelkindern", das ihn sehr bekannt macht. Er wird zu der Stimme der 68er-Bewegung. 1969 lässt er sich in Hamburg als Anwalt nieder, war in Antidemonstrationsprozessen für die APO tätig und verteidigt u.a. auch Mitglieder der RAF. Als Liedermacher singt er gegen die Notstandsgesetze, den Vietnam-Krieg, später gegen den Radikalenerlass und die Berufsverbote. Degenhardt stirbt am 14. November 2011 in Quickborn bei Hamburg.

Tonio Schiavo (1965)

Dies Lied ist gewidmet dem italienischen Gastarbeiter Tonio Schiavo.
Er lebte nur kurze Zeit in der westdeutschen Stadt Herne.

Das ist die Geschichte von Tonio Schiavo,
Geboren, verwachsen im Mezzogiorno.
Frau und acht Kinder und drei leben kaum,
Und zweieinhalb Schwestern in einem Raum.
Tonio Schiavo ist abgehaun.
Zog in die Ferne,
Ins Paradies,
Und das liegt irgendwo bei Herne.

Im Kumpelhäuschen oben auf dem Speicher
Mit zwölf Kameraden vom Mezzogiorno
Für hundert Mark Miete und Licht aus um neun,
Da hockte er abends und trank seinen Wein.
Manchmal schienen durchs Dachfenster rein
Richtige Sterne
Ins Paradies,
Und das liegt irgendwo bei Herne.

Richtiges Geld schickte Tonio nach Hause.
Sie zählten's und lachten im Mezzogiorno.
Er schaffte und schaffte für zehn auf dem Bau.
Und dann kam das Richtfest und alle waren blau.
Der Polier, der nannte ihn „Itaker–Sau".
Das hört' er nicht gerne
Im Paradies,
Und das liegt irgendwo bei Herne.

Tonio Schiavo, der zog sein Messer,
Das Schnappmesser war's aus dem Mezzogiorno.
Er hieb's in den fetten Bauch vom Polier,
Und daraus floss sehr viel Blut und viel Bier.
Tonio Schiavo, den packten gleich vier.
Er sah unter sich Herne,
Das Paradies,
Und das lag gar nicht mehr so ferne.

Und das ist das Ende von Tonio Schiavo,
Geboren, verwachsen im Mezzogiorno:
Sie warfen ihn zwanzig Meter hinab.
Er schlug auf das Pflaster und zwar nur ganz knapp
Vor zehn dünne Männer, die waren müde und schlapp,
Kamen grad aus der Ferne, aus dem Mezzogiorno –
Ins Paradies,
Und das liegt irgendwo bei Herne.

Am 20. Dezember 1955 hot dann d Bundesrepublik Deutschland
s erste Anwerbeabkomma für Gastarbeiter aus Italien ondrzeichnet.
Ma kennt sa, des war dr Afang vom deitscha Wirtschaftswondr, –
au bei eis em Schwobalendle.

Tonio Schiavo

Des Liad hanne fir dr Tonio Schiavo gschrieba, en italienischa
Gastarbeitr ussem Mezzogiorno. Er hot bloß kuz bei eis em Schwo-
baland glebt.

Des isch d Gschicht vom Tonio Schiavo.
Uf d Welt komma ond aufgwachsa em Mezzogiorno.
Frau ond acht Kendr ond drei leabet kaum
ond zwoiahalb Schwestra emma gotziga Raum.
Des war ganz sichr it sein Traum!
Haut ab ens Schwobaland,
ens Paradies,
wos Arbet geit ond ganz viel Kies.

Wia d Häsleis en ra Wellblechhidde,
mit zwelf Kamrada vom Mezzogiorno
fir hondrt Mark Mieade. A Hoizong geits it,
ma helt sich mit Saufa ond Benokl fit,
ond macht hald so mit de andre mit,
mit de Schwoba em Land.
Em Paradies
hot r sich deischt, – er fiehlt sich so mies!

En Haufa Geld schickt dr Tonio hoe,
dia fraits saumäßig em Mezzogiorno.
Er schaffet ond schaffet fir zeah uf em Bau.
Beim Richtfescht, do waret se alle blau,
dr Kapo, der hoißt en a „Itaker–Sau".
Ond des em Schwobaland,
em Paradies, –
des isch jo so was von scheiße ond fies!

Jetzt ziaht dr Tonio sei Messr,
a Schnappmessr wars ussem Mezzogiorno.
Er hauts en dr Ranza vo sellem Polier,
ond raus laufa duat a bissle Bluat ond viel Bier.
Dr Tonio, den pagget glei vier,
ond vom Schwobaland,
des woiß r gau gwies,
ischs nemme weit ens Paradies.

Ond des ischs Ende vom Tonio Schiavo,
dem „Gast"– Arbeitr ussem Mezzogiorno.
Se werfed en ogfähr zwanzg Metr nab,
do schlet r ufs Pflastr ond zwar bloß ganz knapp
vor zeah denne Mennr, dia miad send ond schlapp.
Se kommet grad ussem Mezzogiorno
ens Schwobaland,
ens Paradies,
irgendwo zwischa Bodasee, Stuaget ond Ries.

Teil III

Wie kommt heute jemand in einem Zeitalter rasant zunehmender Digitalisierung mit immer größer werdenden Kommunikationsmöglichkeiten auf die Idee, sich mit Balladen, einer solch antiquierten, ja mittelalterlichen Form von Berichterstattung, Nachricht oder auch Unterhaltung zu beschäftigen? Als solche kann diese literarische Form in ihren Ursprüngen durchaus angesehen werden. Balladen wurden von Spielleuten und Sängern einem breiten, aber nicht nur höfischen Publikum oft mit Harfenbegleitung vorgetragen. Beispiele sind „Des Sängers Fluch" von Ludwig Uhland oder „Der Sänger" von J. W. Goethe.

Im Folgenden werden wir die geschichtliche Entwicklung und die typische Charakteristik der Ballade kurz skizzieren.

Bereits in vor-literarischer Zeit, also etwa vom vierten bis ins achte Jahrhundert, entstanden in Deutschland Heldenlieder wie beispielsweise das „Hildebrandlied", welches um 800 von zwei Mönchen in Fulda aufgeschrieben wurde. Heldenlieder hatten ihren Ursprung in der germanischen Völkerwanderung, sie thematisierten durch die Einfügung dramatischer Dialoge oder Elemente oft ganze Völkerschicksale.

Später, im 15. und 16. Jahrhundert, entwickelte sich die sogenannte Volksballade. Sie wurde meist mündlich überliefert und lässt sich in der Regel keinem bekannten Verfasser zuordnen. In dieser Zeit entstand im deutschen Sprachraum beispielsweise auch die Ballade von den zwei Königskindern: „Et wasen twei Kunnigeskinner". Nach der Blütezeit der Volksballade nehmen diese Dichtungen wieder ab und schaffen Raum für Räuber-, Schauer-

und sentimentale Liebesballaden, später dann für die Moritaten des ausgehenden 19. Jahrhunderts.

Die Entstehung der deutschen Kunstballade ist eng mit Gottfried August Bürgers Ballade „Lenore" (1773) verknüpft und markiert den Beginn der Epoche des Sturm und Drang. Herder rückt den Naturbegriff mit „Erlkönigs Tochter" in den Mittelpunkt dichterischer Betrachtung. Höhepunkte der Kunstballade finden sich bei Goethe, Schiller und Mörike. Im 19. und 20. Jahrhundert gehören zu diesem Genre außerdem Werke von Uhland, Chamisso, Heine, Droste-Hülshoff, Meyer, Fontane u.a. und später dann auch Kästner und Brecht.

Innerhalb der Kunstballade unterscheidet man drei große Gruppen oder Typen dieser literarischen Gattung:

Da ist zunächst die Numinose Ballade mit unterschiedlichen Varianten, z.B. die naturmagische wie im „Erlkönig" von Goethe; eine totenmagische Variante wie die „Lenore" von Bürger; eine Art Spuk– und Geisterwelten betreffende Variante wie z.B. „Die Geister vom Mummelsee" von Mörike. Es gibt Geschichtsballaden wie „Belsazar" von Heine und bis in die Neuzeit reichende Balladenstoffe wie beispielsweise „Die Brück' am Tay" von Fontane.

Die Ideenballade ist eine weitere Variante der Kunstballade mit einer handlungsstarken Geschichte, die den Helden in einer sittlichen Konfliktlage zeigt, deren Lösung auch ohne Geisterwelt und Numinosum gelingen kann, allein auf der Grundlage des eigenen Wesens. Beispiele sind u.a. „Der Taucher", „Die Bürgschaft", „Der Handschuh" von Schiller oder „Die Füße im Feuer" von C.F. Meyer. Gattungsprägend wurden die Balladen der Weimarer Klassik im „Balladenjahr" 1797. Vor allem Schillers Ideenballaden zeigen den Menschen, wie er idealerweise sein sollte und sind beeinflusst von der Aufklärung und der Kantischen Philosophie.

Der von Heinz Piontek 1964 geprägte Gattungsbegriff der Erzählgedichte lässt sich von der historischen Gattung der Ballade mit ihren traditionell eher sentimentalen oder numinosen Stoffen zwar nicht streng abgrenzen, ist aber geprägt durch eine distanzierend rationale Haltung mit historischem, groteskem oder auch humoristischem Gepräge. Als Beispiele seinen hier nur angeführt „Die alte Waschfrau" von Chamisso, „Herr von Ribbeck auf Ribbeck im Havelland" von Fontane oder neuere Erzählgedichte von Brecht, Grass, Härtling u.a..

Als Ballade wird heute ein mehrstrophiges erzählendes Gedicht bezeichnet, das die typischen Merkmale der Lyrik, Epik und Dramatik verbindet, wodurch sie als eine Mischform dieser drei Hauptgattungen betrachtet werden kann. Goethe nennt sie deswegen auch das „Ur-Ei" der Dichtkunst.

Inhaltlich beschreibt die Ballade oft eine schicksalshafte, meist ungewöhnliche, geheimnisvolle oder tragische Begegnung zwischen Menschen, welche häufig einen lebensverändernden Ausgang nimmt.

Zeitlich wird ein eher limitierter Abschnitt oder Prozess vom Beginn bis zum oft auch tragischen Ende eines Ereignisses gezeichnet. Formal ist die Ballade in der Regel in Strophen und Reimen verfasst. Eine deutliche und sinnvolle Gliederung dient dem Sprachrhythmus, da der Text meist im Hinblick auf einen laut zu sprechenden Vortrag verfasst wurde.

Mein persönlicher Zugang zu dieser literarischen Form wurde bereits in meiner eigenen Schulzeit von einem Lehrer gelegt, welcher es hervorragend verstand, mir diese literarische Form so intensiv und, trotz der Einforderung des Auswendiglernens und des freien Vortrages vor der Klasse, völlig zwanglos nahezubringen, so dass ich auch heute noch von diesem literarischen Schatz zehre. Ich denke, dass man die pädagogische Relevanz der Ballade mit ihren moralischen und ethischen Aussagen auch für die Lebenswelt der heutigen Schülergeneration nicht hoch genug einschätzen kann.

Mit diesem Bekenntnis ist die oben angeführte Frage nach der Motivation, sich heute noch mit dieser literarischen Gattung näher zu beschäftigen, aber nur zum Teil beantwortet.

Eine weitere, nicht minder gewichtige Motivation, mich mit Balladen zu beschäftigen, entspringt aus meiner starken Liebe und Verbundenheit zur schwäbischen Mundart. Ich betrachte es für mich als eine Herausforderung zu versuchen, einige dieser klassischen Balladen in unser „Oberschwäbisch" zu übertragen. Manche sind bereits vom Titel wie z.B. die „Schwäbische Kunde" von Ludwig Uhland oder auch vom Handlungsort her wie „Der Reiter und der Bodensee" von Gustav Schwab geradezu dafür prädestiniert. Ob und in welchem Maß mir dies gelingt, überlasse ich gerne dem Urteil des Lesers.

Beim Übertragen dieser klassischen Balladen war ich bemüht, sowohl von der Reimform, als auch vom Metrum her möglichst nahe am Original zu bleiben.

Der Schauplatz der Handlung wurde wo immer möglich in unser geliebtes Schwabenland verlegt und demgemäß mussten natürlich teilweise auch die Namen der Protagonisten entsprechend angepasst werden: „Die Kraniche des Ibykus" werden zum „Em Made seine Vegl", das Schwäbische kennt ja keinen Genitiv, und die „Schwalbe", die in „John Maynard" über den Eriesee fliegt, wird zum Raddampfer „Hohentwiel" auf dem Bodensee.

Inhaltlich sind bei der Übertragung von der Klassik in die Mundart der Phantasie natürlich keine Grenzen gesetzt. So kann beispielsweise das Original inklusive der Protagonisten und deren primäre Motivationen einschließlich des Handlungsortes beinahe identisch in die Übertragung übernommen werden, wie etwa bei der „Schwäbischen Kunde" von Uhland. Diametral entgegengesetzt dazu kann die Handlung in der Übertragung aber auch parodistisch verfremdet und gänzlich umgestaltet werden: Im Erlkönig beispielsweise in eine Vater-Sohn-Konstellation, in welcher die Spannung vom doch etwas großzügigen Alkoholkonsum der beiden nach einem Gasthausbesuch getragen wird. In der schwäbischen Version läuft die Handlung dann zwar nicht darauf hinaus, dass der Sohn in den Armen des Vaters stirbt, aber das Ende geht dennoch im wahrsten Sinne des Wortes „in die Hosen". Dazwischen sind allen nur denkbaren weiteren Handlungsvariationen keine Grenzen gesetzt.

Jeder Ballade geht eine kurze Information über den Dichter voraus. Anschließend folgen wenige stichwortartige Hinweise über Inhalt, Aufbau, Aussage, Sprache und Form, soweit dies für das Verständnis oder die Einordnung in einen größeren Gesamtzusammenhang hilfreich sein kann.

Danach folgt die Mundartversion und, wo notwendig und sinnvoll, noch ergänzende Hinweise zu der mundartlichen Übertragung.

Teil IV

Worterklärungen – alphabetisch geordnet

ä	immer, alleweil; vgl. auch: „äwl"
abbes	etwas
Affazah	(sehr) hohe Geschwindigkeit
ällz	alles, zusammen
agschirra	(z.B. Pferd) einspannen; vor den Wagen spannen
äwl	immer (wieder)
Bärle	hier: Verkleinerungsform von Paar; „a Bärle Soita" = Saitenwürste
beigolle	bei Gott; Ausruf des Erstaunens (oft im Unmut)
blära	(heftig) weinen; vgl. auch: zenna, heina, heila,
Bletza	Stück Stoff
Blosa	hier: Blasinstrument; vgl. auch: blosa = pusten, blasen
Boinr	Gebeine; Knochen
Bollahitz	große, unerträgliche Hitze; „Bolla" = Kugel, Klumpen
Boscha	hier: Busch; Gebüsch; auch Jungrind
brächdet	.. würden bringen ..
Bratza	Pfoten; Tatzen; auch (große) Hände, Finger
bressant	es eilig haben, pressieren
Briah	Brühe
Briegl	dicker Holzstecken; (Schlag-)Stock

budlnagget	pudelnackt
Buggl	Buckel, (krummer) Rücken
däb	würde
dabba	tappen; gehen, laufen
däbet	(sie) würden
daffs	darf es
deicht	dünkt; „mi deichts kalt dussa!"
Deiflsbruat	Teufelsbrut
deischt	täuscht
denzla	tänzeln
Dibbl	eigentlich: Teufel; auch für dummen, einfälti-gen Kerl
Dierla	Verkleinerungsform für Tiere
drugga	drücken
dugga	ducken, niederbücken
Duranand	Durcheinander, Wirrwarr, Unordnung
Eschdreich	Österreich
firchdig	furchtbar, schlimm
fladdra	flattern
flagga	liegen, daliegen; (vgl.: schdragga)
foiga	spielerisch miteinander kämpfen (z.B. Katzen); tändeln
fonzla	leuchten; Fonzl = (schwache) Lampe, Leuchte
freile	freilich
gaffa	schauen, glotzen, stieren
Galan	(abwertend) für Freund, Liebhaber
gära	gern
Gätle	Gärtchen
Geil	Gäule, Pferde

ghogget	gesessen; von: hogga = sitzen
Gilla	Gülle, Jauche
Glischda	Gelüste, Wünsche
glotza	glotzen; (vgl.: gaffa)
gnuila	knien, (Subst.: Gnui = Knie)
Goscha	Mund, Maul
gotzig	einzig; (nur) ein(s, e, er)
Grend	Kopf, Haupt
griaga	bekommen
gruaba	ruhen, ausruhen
gruschtla	von: Kram; in (wertlosem) Zeug wühlen, Krempel, Gerümpel
Gsälz	Marmelade; urspr. von salzen als Methode des Haltbarmachens
gschissa	(ge-, oder be-) schissen, schlecht
schlabbaucha	schwer atmen, keuchen
Gsetzle	Abschnitt des Rosenkranzes
gugga	schauen, (hin)sehen
gwirmsch	Von: gwirma = wärmen; sich aufwärmen
Häsleis	(Kleider-) Läuse
Heifale	kleiner Haufen, Häufchen
heina	weinen, heulen; vgl.: blära, zenna
Hilfsschual	Sonderschule
hoffärdig	hoffärtig, dünkelhaft, anmaßend, stolz
hondsmiad	hundemüde
hondsverreckt	schlimmes Schimpfwort
Huragribbl	von: Gribbl = Krüppel; hier: böses Schimpfwort
ibranand	übereinander

idda, it	nicht
Jeeseswuat	(schlimme) Wut
jugga	jucken, springen, hüpfen
Karragaul	Karrengaul, Zugpferd
Kirbe	Kirchweih; „du kasch mr uf d Kirbe komma!" = steig mir den Buckel runter!
Kittl	Kittel, Jacke
Kloba	grober, ungeschlachter Kerl
kriaga	bekommen; von: kriegen: „du kriagsch gau glei dr Ranza voll!"
kuahranzanacht	stockdunkel
Leddagschwätz	(sau)dummes Geschwätz
Loitrwägele	kleiner Leiterwagen (zum ziehen)
Lombagsendl	Lumpengesindel; vgl.: Bagasch; auch: Huragsendl
lupfa	heben
mondr	müsst ihr
Moscht	Most, gegorener Apfelsaft
motza	motzen, aufbegehren
Nana	Großmutter oder Urgroßmutter; Ahn
nearmed	niemand
(nei)bronza	urinieren; vgl.: soicha;
(nei)soicha	urinieren; vgl.: bronza; „do hot d Katz aber lenks rom gsoicht!"
Nes	Nase
nixig	gering; ganz schlecht
omanand	umher
Ranka	scharfe Biegung, Kurve
Ranza	Bauch; „Dr Made hot en richtiga Bierranza!"

riabig	ruhig
romfagiera	herumlungern; auch: (z.B. Kleider) herumliegen lassen
Rotzleffl	Schimpfwort
Saumensch	Schimpfwort
saumiad	hundemüde, sehr müde
Sausiach	böser, unverschämter Mensch; Vorsilbe „Sau" als Steigerung
Schapfa	Schöpflöffel
schdragga	liegen, herumliegen; vgl.: flagga
schenant	Von: genieren; auch: peinlich, unangenehm
Scherba	Von: Scherbe(n); hier: (böse), unansehnliche Frau
Schlägle	Herzinfarkt; Gehirnschlag
schlabbaucha	keuchen, schwer atmen
Schregga	Schreck
schufda	schuften, sehr angestrengt und viel arbeiten
Schuir	Scheune
schwanza	herumstreunen; heute: chillen
seggldomm	sehr blöde, dumm
Sei	Säue, Schweine
Siach	Spitzbube, böser Mensch; kann auch lobend verwendet werden
soddet	sollte(n)
soddige	solche
Soich	Urin
(a Bärle) Soida	(ein Paar) Saitenwürste
Sperenzla	Umstände, Unwägbarkeit(en)
Stadl	Scheune; vgl.: Schuir

Stendle	kleines Lied, Musikstück (darbieten)
trait	tragen
vrdaddret	verdutzt, überrascht
vrdau	„vertan"; geirrt: („Do hosch de aber vrdau!")
vrdomma	jdn. für dumm verkaufen (halten)
vrhollet	erholt; genesen
vrhonza	zu Schande machen; kaputt machen
vrkomma	begegnen
vrloffa	verlaufen, verirrt
vrschonda	geschunden, ramponiert
vrtloida	zu viel werden; („Des ka dr grad vrtloida!")
wellaweag	trotzdem, dessen ungeachtet
woisch	weißt (du)
Wondrfitz	Neugier, Wissbegierde
worra	geworden
zerdäbbra	zertrümmern, zerschlagen
Ziefer	Tiere; teilweise abwertend; vgl.: „Oziefer" für Ungeziefer
zom Bossa	zum Trotz, trotzdem, gerade deswegen
Zora	Zorn, Wut